GÜTERSLOHER
VERLAGSHAUS

G

Gütersloher Verlagshaus. Dem Leben vertrauen

Andreas Malessa, geb. 1955; Theologe, Zeitungskolumnist,
Songtexter und Buchautor satirischer Kurzgeschichten;
seit 1980 Hörfunkjournalist beim DeutschlandRadio Kultur und
Hessischen Rundfunk, Fernsehmoderator beim SWR.

Andreas Malessa

Kleines Lexikon religiöser Irrtümer

Von Abba bis Zölibat

Gütersloher Verlagshaus

Bibliografische Information Der Deutschen Bibliothek
Die Deutsche Bibliothek verzeichnet diese Publikation in der
Deutschen Nationalbibliografie; detaillierte bibliografische Daten
sind im Internet über http://dnb.ddb.de abrufbar.

3. Auflage, 2007
Copyright © 2006 by Gütersloher Verlagshaus, Gütersloh,
in der Verlagsgruppe Random House GmbH, München

Dieses Werk einschließlich aller seiner Teile ist urheberrechtlich
geschützt. Jede Verwertung außerhalb der engen Grenzen des
Urheberrechtsgesetzes ist ohne Zustimmung des Verlages
unzulässig und strafbar. Das gilt insbesondere für Verviel-
fältigungen, Übersetzungen, Mikroverfilmungen und die
Einspeicherung und Verarbeitung in elektronischen Systemen.

Umschlaggestaltung: schwecke.mueller Werbeagentur GmbH,
München
Umschlagmotiv: getty images
Satz: Katja Rediske, Landesbergen
Druck und Einband: CPI Moravia Books, Korneuburg
Printed in Czech Republic
ISBN 978-3-579-06513-7

www.gtvh.de

Vorwort

Als bei »Wer wird Millionär?« ein Kandidat 17.500 Euro verlor, weil er die Frage nicht beantworten konnte »Wie nennt man das Erste Buch Mose noch?«, da hatte ich die Idee zu diesem Büchlein. Schalttafel A schlug vor: »Das Buch Genesis«. (Was richtig gewesen wäre!) Nun war Genesis, englisch gesprochen, aber vor Jahrzehnten mal die Band von Phil Collins. Und so lautete Schalttafel B: »Pink Floyd«! Wenn Sie das Buch Pink Floyd und danach die Bibel weiter lesen, stoßen Sie auf noch seltsamere Namen.

Als die Deutschlehrerin einer neunten Klasse Realschule einem Jungen über die Schulter schaute, der den biblischen Propheten »Hesekiel« zwar richtig geschrieben hatte, aber falsch betont aussprach (nicht auf dem zweiten »e« und mit getrenntem »ie«, sondern auf der letzten Silbe wie die Stadt »Kiel«), da fragte sie verunsichert: »Muss es nicht Helsinki heißen?« Ich nahm mir fest vor, dieses Büchlein wirklich zu schreiben.

Als der Geschäftsführer eines renommierten Kinderbuchverlages den Vorschlag einer Lektorin ablehnte, nach dem überwältigenden Erfolg des illustrierten Neuen Testaments für Kinder nun doch auch das Alte Testament herauszubringen, da begründete er seine Ablehnung wortwörtlich so: »Wenn wir letztes Jahr das Neue rausbrachten, ist es doch peinlich, nächstes Jahr was Altes rauszubringen, oder?!« Ich fing an, dieses Büchlein zu schreiben.

Nicht etwa, weil ich meine, Sie belehren zu müssen. Nein, ich möchte Sie unterhalten. Mit halb scherzhaft, halb ernst gemeinten kleinen Denkanstößen, die Ihr Interesse an Religion vermehren und Ihre religiösen Vorurteile vermindern könnten.   *Andreas Malessa*

A

»›Abba‹ *bedeutete was Religiöses*«

Missverständliche Halbwahrheiten sind häufiger als eindeutige Irrtümer: Als Agneta Fältskog, Björn Ulvaeus, Benny Anderson und Annifrid Lyngstad am 6. April 1974 unter dem Kürzel ihrer jeweiligen Vornamen – ABBA – den Schlagerwettbewerb »Grand Prix d'Eurovision« in Brighton/England gewannen, ahnten sie selber nicht, dass sie bis zu ihrem letzten Live-Auftritt in Stockholm am 11. Dezember 1982 zu einer Kult-Truppe der Popgeschichte werden würden. 300 Millionen verkaufte Alben seither und ein seit 1999 laufendes Musical »Mamma Mia!« über ihre (kurze) Bandgeschichte haben außer der Liebe zu schlicht komponierten Ohrwürmern und quietschbunter Kitschkleidung auch das Gerücht befördert, in ihrer oder sonst einer Sprache heiße Abba »Gott«.

Also schwedisch ist es nicht.

Nun gut, in der lateinischen Umschrift heißt das hebräische Wort für Liebe »ahabah« ... Und im Brief des Apostels Paulus an die Christen in Rom (Kapitel 8, Vers 15), wird Gott als so liebenswert dargestellt, dass man ihn ansprechen dürfe wie ein Kleinkind seinen »lieben Papa«: »Abba!«

Jesus verwendet diese Anrede zu Gott. »Abba, lieber Vater ...« (Markus-Evangelium Kapitel 14, Vers 36). Alle drei Erklärungsvarianten setzen aber eine Bibelkenntnis voraus, die bei Agneta, Björn, Benny und Annifrid sowie bei der Mehrheit ihrer Fans erstaunlich wäre …

»Das ABENDMAHL hat was Kannibalisches«

Bei den meisten evangelischen Abendmahls- bzw. katholischen Eucharistiefeiern werden die Worte Jesu zitiert: »Nehmet, esset, das ist mein Leib« und »Nehmet, trinket, das ist mein Blut« (Matthäus-Evangelium Kapitel 26, Vers 26; Markus-Evangelium Kapitel 14, Verse 22–24; Lukas-Evangelium Kapitel 22, Verse 19 und 20).

Dies nährte schon im 1. Jahrhundert den Verdacht, Christen würden rituellen Kannibalismus begehen. Historisch belegt ist der Vorwurf aus seiner Widerlegung. Im Jahre 112 n. Chr. berichtet der römische Statthalter von Bithynien, Plinius der Jüngere, in einem Brief an den römischen Kaiser Trajan: »Sie kommen an einem bestimmten Tag vor Sonnenaufgang zusammen und verpflichten sich nicht etwa zu irgendeinem Verbrechen, sondern dazu, weder Diebstahl noch Ehebruch zu begehen.«

Aber noch 169 n. Chr. beschwert sich Bischof Theophilus von Alexandrien in seinem Buch »Ad Autolykos«: »Ihr beschuldigt uns fälschlich des Gottlosesten und Barbarischsten von allem: Wir würden Menschenfleisch essen!«

Wie Jesus zu dieser leicht missverständlichen Aufforderung kam: Beim (bis heute in der ganzen jüdischen Welt gefeierten) alljährlichen »Passahfest« erinnerte man sich an die Befreiung aus ägyptischer Gefangenschaft und feierte sie u. a. durch den Verzehr des »Passahlamms«.

Als Jesus in der Nacht vor diesem Fest – in der traditionellerweise das Passahlamm geschlachtet wurde – mit seinen zwölf Jüngern isst und trinkt, spricht er von seinem bevorstehenden Sterbenmüssen »wie ein Lamm »und deutet an, dass sein Tod im Sinn eines stellvertretenden Opfers zu verstehen sei. Dass also »mein Blut für Euch vergossen« werden wird, zur Tilgung aller Schuld bei Gott, so dass sich der Mensch in Zukunft auf diesen ein- für allemal gültigen Opfertod Jesu berufen kann, statt immer neue Opfer bringen zu müssen. Seither sind für Christen der Bissen Brot und der Schluck Wein beim Abendmahl bzw. der Eucharistie eine Erinnerung an den Tod Jesu und eine Vergegenwärtigung der Anwesenheit des Auferstandenen.

»Aberglaube ist auch ein Glaube«

Ja, aber ... kein Glaube im religiösen Sinn des Wortes »glauben«.

Wer beim Anblick einer schwarzen Katze an einem Freitag den 13. umkehrt, zu Hause bleibt und drei Mal auf Holz klopft – der befürchtet das »Pech« und beschwört das »Glück« als schicksalhaft wirksame, unpersönliche Mächte.

Alltagsbegebenheiten werden als gute oder böse »Omen« (Anzeichen, Vorwarnungen) interpretiert für ein Schicksal, das kein Gesicht und keinen Namen hat. »Glauben« im Verständnis der drei monotheistischen Religionen (Judentum, Christentum, Islam) meint anstelle eines vagen »fürwahrhaltens« magischer Kräfte das personbezogene Vertrauen, das »sich Gott anvertrauen« im Sinn einer Beziehung, die von gegenseitiger Achtung und Treue geprägt ist. Unabhängig davon, ob der Glaubende »Glück« oder »Pech« hat.

Zugegeben: Fließend wird die Grenze zwischen Glaube und Aberglaube mancherorts in der katholischen Volksfrömmigkeit. Wenn geweihte Kräuterbuschen über dem Hoftor Glück bringen sollen oder der Kapitän des Kölner »Rhein-Energie«-Dampfers am 18. August 2005 Papst Benedikt den XVI. bat, doch bitte seinen Lottoschein zu segnen. Blanko.

»Sind Sie etwa abergläubisch?«, fragt der Pfarrer den kritischen Intellektuellen, der gerade ein Hufeisen auf die Kühlerhaube montiert.

»Natürlich nicht«, antwortet der Autofahrer, »aber ich glaube, es bringt auch denen Glück, die nicht dran glauben ...«

»ADVENT: *Vier Wochen Kaufrausch mit kirchlichem Segen*«

In den ersten 500 Jahren des Christentums wurde im Advent gefastet. Was zwei bis sieben Wochen dauern konnte. Im Advent denken wir an die Ankunft des Weihnachtsgeldes, die Ankunft einer Terminlieferung oder die Ankunft der Schwiegereltern. Christen früherer Jahrhunderte dachten an »die Ankunft Gottes in Menschengestalt« (Johannes-Evangelium Kapitel 1, Verse 1ff) oder an »die Wiederkunft Jesu am Ende der Zeit« (Buch der Offenbarung Kapitel 3, Vers 3; Kapitel 14, Vers 7; Kapitel 19, Verse 7ff). Dieser – ganz unweihnachtliche – Gedanke an das Ende der irdischen und die Ankunft einer himmlischen Welt ist übrigens der Ursprung für das Kerzen-Anzünden: Jesus vergleicht kluge und wache Menschen mit zehn Brautjungfern, die mit brennenden Lampen den Bräutigam erwarten – während dumpfe, erwartungslose Menschen wie zehn Brautjungfern mit erloschenen Lampen dastehen und vom Beginn des Hochzeitsfestes böse überrascht werden (Matthäus-Evangelium Kapitel 25, Verse 1ff). Kerzen anzünden im Advent bedeutet eigentlich: Ich erwarte den wiederkommenden Christus.

Dass es vier Adventssonntage sein sollen, hat Papst Gregor der Große bestimmt (er amtierte 590–604 n. Chr.), in Deutschland amtlich eingeführt hat es ein Konzil in Aachen im Jahr 825 n. Chr.

Seit sich kritische Kunden zunehmend darüber ärgern, bei der Rückkehr aus den Sommerferien Lebkuchenherzen und Schokoladenweihnachtsmänner in den Supermärkten vorzufinden, sollte man vielleicht dieses Konzil wiederholen.

Kein Einwände hingegen dürften Kirchenobere haben, wenn schon Ende November Feuerwerkskörper angeboten würden: Das liturgische Kirchenjahr beginnt nicht am ersten Januar, sondern am ersten Adventssonntag.

»ADVENTISTEN *sind eine Art jüdisch-christliche Sekte«*

Die »Siebentagsadventisten« sind eine 1863 von der Amerikanerin Ellen G. White in den USA gegründete evangelische Freikirche, deren weltweit knapp 5 Millionen Mitglieder überzeugt sind, statt des Sonntags den Samstag als arbeitsfreien Tag und Gottesdienst-Tag feiern zu sollen (»Sabbatgebot« Buch Exodus Kapitel 20, Verse 8–11), und die sich, regional unterschiedlich streng, an einige der jüdischen Speise-Vorschriften halten.

Ihre Theologie betont die Erwartung der »Wiederkunft Christi« am Ende der Welt, hat sich aber im Laufe ihrer Geschichte von abstrusen apokalyptischen Spekulationen oder

Endzeit-Datierungen im Stil der »Zeugen Jehovas« distanziert. Wie andere Freikirchen auch, taufen Adventisten keine Säuglinge, sondern nur bekennende Gläubige. Sie sind in Deutschland als »Körperschaft des öffentlichen Rechts« anerkannt und haben sich durch ihre weltweit medizinische, soziale und karitative Arbeit hohes Ansehen erworben.

Dass Adventisten bei einer Terminanfrage nicht sagen »Ich checke mal meinen Timer«, sondern »Ich schau mal in meinen Adventskalender«, ist ein alter Kalauer ihrer Pastoren ...

»*Zum* ALPHA-TIER *wird man im Alpha-Kurs!*«

Entscheidungsschwache Chefs und zögerlich-ratlose Abteilungsleiter werden nicht dadurch zum »Alpha-Tier«, zum Leitwolf des Rudels, indem sie den »Alpha-Kurs« besuchen. Dieser sechs- bis achtwöchige berufsbegleitend durchführbare Kurs nennt sich nach dem ersten Buchstaben des griechischen Alphabets, weil er für »Glaubens-Anfänger« gedacht ist. Er wurde 1991 von missionarisch gesonnenen Anglikanern in Großbritannien erfunden, um die wichtigsten Grundkenntnisse des christlichen Glaubens zu vermitteln und ein praktisches Christ-Sein einzuüben. Im ersten Jahr boten vier englische Kirchengemeinden Studienmaterial und Gesprächsabende an, inzwischen haben rund 6 Millionen Menschen in 29.000 Gemeinden quer durch alle Konfessionen mitgemacht. Gegen Führungsschwäche beim Chef hilft vielleicht ein Blick auf Pontius Pilatus (Johannes-Evangelium Kapitel 18, Vers 26, und Kapitel 19, Vers 16).

*»Gläubige müssen zu allem
Ja und* AMEN *sagen«*

So sicher wie das Amen in der Kirche ist, dass Christen – und hier vor allem katholischen Christen – naive Leichtgläubigkeit und braves (»lammfrommes«) Einverstandensein mit intellektuellen Zumutungen unterstellt wird.

Das in Gottesdiensten verwendete Wort »Amen« – am Ende einer liturgischen Formel, eines Bibeltextes oder eines Gebetes von der Gemeinde bisweilen respondierend wiederholt – bedeutet wörtlich »So sei es!« Was ja nur ein frommer Wunsch wäre. Leitet sich das Wort jedoch vom hebräischen Verb »he'emin« ab, dann ist es eine Art mündlicher Beglaubigungsstempel: »zuverlässig bewährt!« Umgangssprachlich: »Jau!«

Predigt ein Pfarrer langweilig und endlos, bedeutet das »Amen« der Gemeinde allerdings auch »Mach hinne« oder »Na endlich« ….

»Der ANTICHRIST*,
das waren Hitler oder Stalin«*

Der »Antichrist« ist älter als das Christentum. In der ganzen Bibel wird er nur drei Mal erwähnt und auch das ausschließlich in den Johannes-Briefen (1. Johannesbrief Kapitel 2, Verse 18–22; 1. Johannesbrief Kapitel 4, Vers 3; 2. Johannesbrief Kapitel 1, Vers 7).

Im »Buch der Offenbarung«, in der so genannten »Johannesapokalypse« hingegen taucht er als solcher nicht auf. Namentlich benannt wird niemand. Die Vorstellung eines satanisch inspirierten, hochdosiert dämonischen Machthabers, in dem sich alles unvorstellbar Böse bündelt, stammt aus dem Judentum: Als 169 vor (!) Christus der Seleukidenherrscher Antiochus Epiphanes IV. jegliche jüdische Kultur ausmerzen und ausschließlich griechische Denk- und Lebensweise durchdrücken wollte, entfachte das den Aufstand der »Makkabäer« (vom aramäischen Wort »makkaba«, Hammer) und inspirierte jüdische Gelehrte dazu, das gesamte Weltgeschehen von einem gedachten Ende her zu interpretieren. Die grausamen, selbstherrlichen Tyrannen von heute müssten, »visionär geschaut«, im Lichte ihres finalen Sturzes betrachtet werden. Was die Unterdrückten und Verfolgten durchaus tröstete und in ihrem Widerstand durchhalten ließ.

»Der große Drache wurde gestürzt, die alte Schlange, der Satan, der Teufel, der die ganze Welt verführte, wurde hinabgestoßen und mit ihm seine Dämonen ...« (Johannes-Offenbarung Kapitel 12, Vers 9) – in der Bibel ist ein »Antichrist« nur insofern erwähnenswert, als er bezwungen werden wird und vor der siegreichen Liebe kapitulieren muss. Die Bibelleser der folgenden Jahrhunderte waren leider nicht so zurückhaltend: Antisemitische frühmittelalterliche Erzähler vermuteten, der Teufel werde in eine jüdische Frau eindringen wie einst der Heilige Geist in die Jungfrau Maria, und deshalb sei die »Ausgeburt des Bösen« aus dem Judentum zu erwarten.

(Was in den 20er Jahren des vorigen Jahrhunderts in den Verschwörungstheorien der Nazis gegen das »Weltjudentum« tödliche Fortsetzung fand.)

Papst Innozenz III. nannte 1179 Mohammed den Antichristen und rief zum Kreuzzug gegen die Muslime auf. Martin Luther (1483–1546) bezeichnete erst Papst Leo X. und dann Papst Hadrian VI. als Antichristen und inspirierte Flugblatt-Illustratoren dazu, den Bischof von Rom als kinderfressenden Drachen, als unersättliche Hure, als Schwein oder tumben Narren darzustellen. Pfarrersohn Friedrich Nietzsche (1844–1900) fand, die Kirche sei der Antichrist, und pietistische Erweckungsprediger im 19. Jahrhundert fanden, das sei Friedrich Nietzsche.

Dass die Millionen und Abermillionen verhungerten Bauern, zu Tode geschundenen Lagerinsassen und zwangsumgesiedelten Dissidenten erst Wladimir Iljitsch Lenin, dann Josef Stalin und schließlich »den Kommunismus« als biblisches »Tier aus dem Abgrund« identifizierten, ist verständlich.

Ebenso verständlich auch der »Antichrist«-Vergleich mit Adolf Hitler, Heinrich Himmler oder Josef Goebbels, die es in 12 Jahren auf mehr als 50 Millionen Tote brachten.

Als Satanist Charles Manson 1969 Sharon Tate ermordete, die schwangere Freundin von Filmregisseur Roman Polanski, da bezeichnete er sich genauso medienwirksam als »der Antichrist« wie Sex-Pistols-Sänger Johnny Rotten dies 1976 tat und sang. Inzwischen haben es viele »Death Metal«- und »Gothic«-Rocker, viele Horror-Pop-Darsteller von Ozzy Osbourne, Alice Cooper und Slayer bis hin zu Iron Maiden mit der »Antichrist«-Nummer versucht. Wahrscheinlich gerade deshalb hat sich das Schaudern etwas abgenutzt.

Wirklich zum Fürchten hingegen war, dass US-Präsident Ronald Reagan Anfang der 80er Jahre einen Autor apokalyptischer Fantasy-Schmöker als Nahost-Berater beschäftigte, der abwechselnd den iranischen Revolutionsführer Ayatollah Chomeini oder Palästinenser-Präsident Yassir Arafat als den Antichristen der Bibel identifizierte: Hal Lindsay. Inzwischen wurde der übertrumpft von Endzeit-Serien-Schreiber Tim LaHaye und seinen rund 55 Millionen verkauften »Finale«-Romanen. Die US-Präsident George W. Bush angeblich »sehr ernst« nimmt ...

»Das war ja eine APOKALYPTISCHE Katastrophe!«

Solange noch ein Mensch einem anderen sagen kann, eine Katastrophe sei »apokalyptisch« gewesen, war sie nicht apokalyptisch. Denn landläufig meint der Begriff »Weltuntergang«. Das Ende von allem und allen.

Wortwörtlich übersetzt heißt das griechische Verb apokalyptein »offenbaren, enthüllen« und das Hauptwort »Apokalypsis« »Aufgang« (also gerade nicht »Unter«-gang). Gemeint ist meist eine »visionäre Anschauung«, wie unsere Welt unter- und Gottes Welt aufgehen wird. W i e! Nicht wann.

Den Juden im Altertum war ihre Welt bereits mehrmals untergegangen: 722 v. Chr. durch die Assyrer, 586 v. Chr. durch die Babylonier, 69 n. Chr. durch die Römer. Die »apokalyptischen Bücher«, Teile des Buches Jesaja, dann die Propheten Daniel und Hesekiel verweben solche Erinnerungen zu fantastischen dramatischen Zukunftsbildern, wie es eines Tages sein würde, wenn der Gesandte Gottes, der Welterlöser, der Messias, kommt und das »ewige Friedensreich Gottes« errichtet.

Seit der Auferstehung und Himmelfahrt des gekreuzigten Jesus von Nazareth glaubten seine Jüngerinnen und Jünger, er sei dieser lang verheißene und erwartete »Messias« und werde demzufolge am Ende aller Tage »wiederkommen zu richten die Lebendigen und die Toten«, wie Millionen Christen an jedem Sonntag im apostolischen Glaubensbekenntnis sagen. Aus dieser Erwartung heraus – man rechnete zunächst mit höchstens ein, zwei Generationen –

entstand während und nach den entsetzlichen Christenverfolgungen unter Kaiser Nero (54–68 n. Chr.) und Kaiser Domitian (81–96 n. Chr.) eine speziell christliche »Trost-Apokalyptik«. Im Neuen Testament zusammengefasst in der »Offenbarung des Johannes«: »Gott wird abwischen alle Tränen und der Tod wird nicht mehr sein, kein Leid, kein Geschrei, kein Schmerz ...« (Buch der Offenbarung Kapitel 21, Verse 1 bis 4).

Setzt man positiv voraus, der »Seher« Johannes habe auf der Insel Patmos tatsächlich die Kämpfe und Schlachten in der jenseitigen Welt, den Lauf der Menschheitsgeschichte und das Ende der Welt »geschaut«, bleibt ein kommunikatorisches Problem: Wie soll der Mann etwas »nie zuvor Gesehenes« beschreiben? Er muss anknüpfen bei dem, was seinen Lesern bekannt sein könnte, und versucht es mit Rückgriff auf die Bilder der jüdischen Apokalyptik. »Da war etwas, das sah aus wie ...«

Weil solche vagen Vergleiche und Symbole aber zu den wildesten Spekulationen geradezu einladen, waren manche Bischöfe der frühen Kirche dagegen, die Johannes-Offenbarung überhaupt in den Kanon der »Heiligen Schrift« aufzunehmen. Die orthodoxen Kirchen verwenden sie bis heute nicht in ihren Gottesdiensten. Die Enthusiasten und Ekstatiker der Kirchengeschichte hingegen, die Tüftler und Grübler, die Fantasy-Autoren und Hollywood-Drehbuch-Schreiber fanden schier unerschöpfliches Material für ihre »Deutungen«. In Abwandlung des berühmten Vietnamkriegsfilms mit Marlon Brando gilt bis auf weiteres: »Apocalypse? Wow!«

»Nur der Papst spendet APOSTOLISCHEN Segen«

Im Radio gesendet wird er erst seit 1967 und im Fernsehen sogar erst seit 1985, weil lange Zeit strittig war, ob der mit diesem Segen verbundene »vollkommene Ablass« der Sünden – global medial versendet – auch »wirkt«!

Am ersten Weihnachtsfeiertag und am Ostersonntag, meist gegen 12.00 Uhr, erteilt der Papst vom Mittelfenster des apostolischen Palastes in Rom aus der Stadt und der Welt – »urbi et orbi« – einen Segen, der deshalb »apostolisch« heißt, weil sich jeder Papst durch die historisch lückenlose Weitergabe des Heiligen Geistes per Handauflegung als direkter Nachfolger des »Apostels« Petrus versteht. Zu dem hatte Jesus gesagt: »Du bist der Fels, auf den ich meine Kirche bauen will. Ich will Dir die Schlüssel des Himmelreiches geben ...« (Matthäus-Evangelium Kapitel 16, Verse 18 und 19). Als Apostel, wörtlich »Beauftragter«, galt zunächst nur, wer mit Jesus zu seinen irdischen Lebzeiten gewandert war. Als nach dem Tod, der Auferstehung und der Himmelfahrt des Jesus von Nazareth ein bekehrter Ex-Pharisäer namens Paulus diesen »Apostel-« Titel ebenfalls für sich beanspruchte, weil ihm der auferstandene Jesus in einer Vision erschienen war (Apostelgeschichte Kapitel 9, Verse 1 bis 9), gab es Streit darum, wer sich »apostolisch« nennen darf und wer nicht.

Im Grunde hält das Kompetenzgerangel bis heute an: Hat nur der Papst »apostolische« Lehr-Autorität – oder können auch die Beschlüsse der Vertreter anderer Konfessionen in der Linie der Apostel und daher bindend sein?

Steht nur ein vom Papst via Bischof geweihter katholischer Priester in der Tradition der lückenlosen Weitergabe des Heiligen Geistes – oder auch ein evangelischer Pfarrer bzw. freikirchlicher Pastor?

Nach evangelischem Verständnis sind alle glaubenden und getauften Christen berechtigt und aufgerufen, einander »Priester« zu sein, d.h. sich gegenseitig im Glauben zu stärken und zu segnen (1.Petrusbrief Kapitel 2, Verse 5–9). Demzufolge »wirkt« ein ernsthaft und im Vertrauen auf Gottes Zusage erteilter Segen selbst dann, wenn ihn (Laien-) Mitarbeiter einer Gemeinde aussprechen oder wenn Großeltern ihre Enkel oder Eltern ihre Kinder »einsegnen«.

»Eva gab Adam einen APFEL«

Wenn die verbotene »Frucht der Erkenntnis von Gut und Böse« ein reifer Apfel gewesen sein soll, dann fand der Sündenfall im Oktober statt. Das berühmte Kapitel 3 des biblischen Buches Genesis erwähnt aber weder einen »Apfel« noch das Wort »Sündenfall«.

Ein »goldener Apfel« – im Grunde die verkleinerte Weltkugel – und das goldene Zepter – ein stilisierter Schlagstock – waren schon bei den Herrschern der Antike das Symbol für Macht. In der orientalischen Bildsprache der weisen Erzählung vom Verlust des Paradieses besteht der »Sündenfall« des ersten Menschenpaares darin, dass sie Gott misstrauen, ihn »entthronen«, die Macht über sich, das Leben und die Welt an sich reißen, Gut und Böse ins eigene Ermessen nehmen und – sich sofort in Lügen, Schuldzuweisungen, Versteckspiel und Ausgrenzungen verstricken. An diesem Machtmissbrauch der menschlichen Fähigkeiten war der »Apfel« genauso wenig schuld wie »das ewig Weibliche« …

»Asylanten *in der Kirche zu verstecken ist illegal*«

Keine Kirchengemeinde, die »Kirchenasyl« gewährt, versteckt irgendjemanden. Sie informiert die Behörden über den neuen Aufenthaltsort der von Abschiebung bedrohten Asylbewerber. Ihr Ziel ist die Aufnahme eines Folge-Verfahrens und eine humanitäre Vorgehensweise zum Schutz der Flüchtlinge und ihrer Kinder.

Artikel 16 unseres Grundgesetzes – »politisch Verfolgte genießen Asylrecht« – wurde 1993 unter dem Vorwand einer »europäischen Vereinheitlichung« so eingeschränkt, dass jährlich bis zu 60 % aller Anträge auf Asyl abgelehnt werden können und Deutschland inzwischen härter »aussiebt« als viele Nachbarländer. Das dafür zuständige Bundesamt und seine Zweigstellen müssen innerhalb der ersten Woche nach Ankunft des Flüchtlings prüfen, ob er hier ist, weil er nicht gefoltert werden wollte, oder ob er nur hier ist, weil er nicht verhungern wollte. »Wirtschaftsflüchtlinge« können sich nämlich nicht auf § 16 berufen. Ein von heimischen Katastrophen traumatisierter und von der Flucht erschöpfter Asylbewerber ohne Deutschkenntnisse redet aber oft wirres Zeug. Zumindest im juristischen Sinn. Diese ersten Auskünfte jedoch bleiben entscheidend für alle weiteren Verfahren. Weil eine echte Einzelprüfung wegen Überlastung der Beamten selten möglich ist, setzen sich die Ablehnungsbescheide aus vorgefertigten Textbausteinen zusammen und haben das Prüfungsverfahren fließbandartig gemacht. Außerdem wird die politische Verfolgungssituation in den Herkunftsländern von den verschiedenen Gerichten völlig unterschiedlich beurteilt. Semun Oguz z. B. hatte das Pech, im Südosten der Türkei unter lauter Kurden zu leben, die vom türkischen Militär und von der türkischen Polizei massiv bedrängt werden. Er selbst ist syrisch-orthodoxer Christ. Als er nach Deutschland floh, drohte ihm die Rückführung in die Hände türkisch-nationalistischer Polizisten, weil Christen in der Türkei offiziell ja nicht verfolgt werden. Er tauchte unter, wurde zur Fahndung ausgeschrieben und fand in der Augsburger St. Ullrichsgemeinde ein halbes Jahr lang Kirchenasyl. Die rollte seinen Fall bei Gericht neu auf und – rettete so sein Leben. Semun Oguz ist inzwischen anerkannt und frei.

Moralisch berufen sich die evangelischen und katholischen Gemeinden auf die alttestamentlich-jüdische Tradition der »Zuflucht am Altar« aus 1. Buch der Könige Kapitel 1, Vers 50, auf Zusatzerläuterungen der Zehn Gebote (»Gott hat den Fremdling lieb, so dass er ihm Brot und Kleidung gibt. So sollt auch Ihr den Fremdling lieben, denn Ihr seid selbst Fremdlinge gewesen in Ägypten«, 5. Buch Mose Kapitel 10, Verse 17–19) und auf das neutestamentliche Recht des zivilen Ungehorsams aus Gewissensgründen (»Man muss Gott mehr gehorchen als den Menschen«, Apostelgeschichte Kapitel 5, Vers 29).

Juristisch widersetzen sie sich damit zwar einer polizeilichen Anordnung, aber »illegal« im verfassungsrechtlichen Sinn ist das nicht. Außerdem sind bisweilen Polizisten die ersten, die erleichtert aufatmen: Welcher denkende und fühlende Mensch und Demokrat findet es angenehm, frühmorgens gewaltsam eine seit Jahren hier arbeitende und Steuern zahlende Familie mit fließend deutsch sprechenden Schulkindern aus den Betten zu ziehen und zum Flughafen zu karren?

»Die AUFERSTEHUNG von Jesus ist mehr so geistig gemeint«

Wenn der gekreuzigte Jesus von Nazareth nur in der Erinnerung seiner Anhänger »weiterlebt«, dann unterscheidet ihn nichts von anderen großen Verstorbenen wie Goethe oder Ghandi. Wenn Jesus nur in den gottesdienstlichen Zitaten seiner Worte »lebendig wird«, dann sind Gottesdienste Theaterstücke und Jesus nicht lebendiger als Friedrich Schiller oder Heiner Müller.

Erst dadurch, dass »Gott ihn tatsächlich von den Toten auferweckte« (Apostelgeschichte Kapitel 2, Verse 24 und 32; Römerbrief Kapitel 6 Vers 4; Galaterbrief Kapitel 1, Vers 1) ist er nach christlicher Auffassung als der »Messias«, der gottgesandte Erlöser, bestätigt worden. Und eben kein x-beliebiger Gutmensch oder sanfter Philosoph.

Bis zu seinem Tod waren sich selbst treue Anhänger nicht sicher, was seine Worte und Taten bedeuten sollten und ob seine Kreuzigung nicht doch nur das klägliche Ende eines religiösen Radikalen war. Erst als Jesus ihnen drei Tage danach lebendig wieder begegnet (Lukas-Evangelium Kapitel 24, Verse 13 bis 35; Johannes-Evangelium Kapitel 20, Verse 11 bis 29), glauben sie: Gott hat ihn bestätigt, also hatte sein Tod tatsächlich die »sündenvergebende« Funktion, von der er immer gesprochen hatte. Also waren seine Wunder tatsächlich Zeichen des kommenden Himmelreichs, also war er wirklich der, der er behauptete zu sein. Also gibt es Grund, darauf zu vertrauen, dass Gott auch diejenigen »auferwecken wird von den Toten«, die sich auf Jesus berufen. Kurz: Für Christen hängt schlichtweg alles, hängen Sinn und Unsinn ihres Glaubens an der Auferstehung des Jesus von Nazareth.

Naturwissenschaftlich beweisen kann die keiner. Historisch belegen auch nicht.

»Mehr als fünfhundert Zeugen« hätten den Auferstandenen gesehen, sagt der Apostel Paulus (1. Korintherbrief Kapitel 15, Vers 6), und es ist selten, dass 500 Leute unabhängig voneinander übereinstimmend lügen. Aber: Mehr als die Aussagen einiger dieser Zeugen haben wir nicht. Sie sahen jemanden, von dem Maria Magdalena zunächst annahm, es sei der Friedhofsgärtner (Johannes-Evangelium Kapitel 20, Verse 11 bis 18), und von dem zwei Jünger auf dem Weg nach Emmaus zunächst annahmen, er sei ein ahnungsloser Mitwanderer (Lukas-Evangelium Kapitel 24, Verse 13 bis 35). Erst als dieser offenbar »normal« aussehende Mensch sie namentlich anspricht, als er mit ihnen Abendmahl feiert, da »erkennen sie ihn«, das heisst: Da identifizieren sie ihre Erscheinung mit dem historischen, irdischen, neulich erst ermordeten Jesus von Nazareth. Skandalös für die jüdische und römische Gesellschaft war nicht, dass man einen Verstorbenen »sieht« (in Meditation, Trance, Ekstase oder Tagtraum). Skandalös war und ist bis heute, dass mehr als fünfhundert Zeugen in diesen Erscheinungen den gekreuzigten Jesus »wieder erkannten«. Dass sie eine Verbindung herstellten vom »realen« Karfreitag zum »behaupteten« Ostermorgen und den »gesehenen Verstorbenen« als tatsächlich Auferstandenen verkündigten. »Rühr mich nicht an!«, sagt Jesus zu Maria Magdalena an der Gartengruft (Johannes-Evangelium Kapitel 20 Vers 17), als wäre er ein feinstoffliches Geistwesen. Genau das vermuten die elf verbliebenen Jünger, als er ihnen erscheint und Jesus sagt: »Was seid Ihr so erschrocken, und warum habt Ihr Bedenken im Herzen? Seht meine Hände und Füsse: Ich bin es wirklich.

Rührt mich an! Ein Geist hat doch nicht Fleisch und Bein. Habt ihr etwas zu essen hier? Da reichten sie ihm ein Stück vom gebratenen Fisch, und er aß es vor ihren Augen.« (Lukas-Evangelium Kapitel 24, Verse 38 bis 43).

Selbst wenn Archäologen ein »volles und nicht leeres Grab« in Jerusalem fänden, wie der Göttinger Theologe Gerd Lüdemann seit 1996 hofft, wäre damit nicht die »leibliche« Auferstehung im Sinn der Bibel widerlegt, denn welcher Art der »Leib« des Auferstandenen war, lässt sie offen.

Über die detaillierten Umstände der Auferstehung gibt es in den vier Evangelien abweichende Zeugenaussagen. Über die Radikalität und Wucht ihrer Wirkung auf Milliarden Menschen durch 2000 Jahre hindurch ist man sich einig.

»AVE MARIA« *ist ein Musikstück von Schubert«*

Das »Ave Maria« ist ein Text aus dem Lukas-Evangelium: »Gegrüßest seist Du, Maria, Du Begnadete. Der Herr ist mit Dir ... Gesegnet bist Du unter den Frauen und gesegnet ist die Frucht Deines Leibes«, sagte Erzengel Gabriel, als er der jugendlich unverheirateten Maria verkündigte, sie sei schwanger und werde Jesus, den Messias, gebären. Verbunden mit einer Art Stoßgebet aus der mittelalterlichen Volksfrömmigkeit (»Heilige-Mutter-Gottes-steh-uns-bei-jetzt-und-in-der-Stunde-unseres-Todes«) wurde dieser Gruß des Engels (später missverständlich »englischer Gruß«) zwischen dem 10. und dem 13. Jahrhundert zum populären »Rosenkranzgebet« und unter Papst Pius V. zwischen 1568 und 1573 liturgisch formuliert. Evangelische Christen kritisieren an der ständigen Wiederholung dieser Grußformel die Verschiebung des spirituellen und theologischen Akzents von Jesus Christus auf Maria, sind aber gleichermaßen gerührt, wenn das berühmte »Ave Maria« zu einer Melodie von Franz Schubert aus dem Jahr 1825 erklingt.

B

»Mit **Babylon** *ist immer was Böses gemeint«*

Seit Popsänger Xavier Naidoo und seine Band »Söhne Mannheims« in biblischen Sprachbildern vom Untergang des »Babylon-Systems« singen (womit wahlweise das Weltwirtschaftssystem, der Staat oder alles gemeint sein kann, was einen Teenager nervt), ist das ehemals moralinsauer klingende »Sündenbabel« in die Jugendsprache zurück gekehrt.

Babel heißt in der Sprache der alten Chaldäer – im Zweistromland Mesopotamien, im heutigen Irak – wörtlich »Tor Gottes«. Gottgleiche Könige traten zwischen 1830 v. Chr. und 333 v. Chr. aus diesem Tor in die Welt hinaus: Hammurabi, Salmanassar, Tiglat-Pileser, Sanherib, Assurbanipal, Nebukadnezar, Kyros, Xerxes, Darius. Eintausendfünfhundert Jahre lang. Nur: Gott trat offenbar nicht ein.

König Nebukadnezar II. zerstörte 586/87 v. Chr. Jerusalem und verschleppte die Juden an die Flüsse Euphrat und Tigris (»By the rivers of Babylon ...«, Psalm 137, Vers 1), wo sie das dekadente Treiben der offenbar zügellosen Adeligen miterlebten, die verabscheuungswürdige Verehrung von Statuen und Bildern und einen monströsen Herrscherkult. Während der folgenden 500 Jahre wird »Babylon« zum Inbegriff tyrannisch-selbstherrlicher Machtentfaltung, so dass der frühchristlich-apokalyptische Autor Johannes in seiner »Offenbarung« im Neuen Testament die Erinnerung daran auf die Stadt Rom anwenden kann.

Im 1. Jahrhundert n. Chr. war Rom immerhin die Bühne für wahnsinnige Kaiser wie Caligula oder Nero. Und Ausgangspunkt blutiger Christenverfolgungen: »Die grosse Stadt Babylon, Mutter der Hurerei und aller Greuel der Erde, trunken vom Blut der Heiligen und Zeugen Jesu ... Babylon, die große, ist gefallen!« (Buch der Offenbarung Kapitel 17, Verse 5 und 6; Kapitel 18, Vers 2).

Ob die sprichwörtliche »babylonische Sprachverwirrung« jedoch etwas Böses war, dürften Millionen Sprachlehrer, Übersetzer, Fremdsprachensekretärinnen, Schüleraustausch-Veranstalter und Touristikmanager schon aus Gründen des Arbeitsplatzerhalts bezweifeln: Im biblischen Buch Genesis Kapitel 11, Verse 1 bis 9, wird die Entstehung der verschiedenen Sprachen und Nationen damit erklärt, dass man dort einen »Zikkurat«, einen Stufenturm, bauen wollte, der »bis an den Himmel reichen« sollte. Gott habe dies als Anmaßung und Überheblichkeit gewertet und alle Arbeiter mit plötzlicher Unverständlichkeit bestraft, so dass der »Turmbau zu Babel« als heute noch zu besichtigende Bauruine stecken blieb. Gute Kommunikation im Betrieb ist nun mal der Schlüssel zum Erfolg. »Babbeln« (!) alle aneinander vorbei, droht bald die Pleite ...

»Mach nicht so ein **Bahai***!«*
ist eine diskriminierende Bemerkung«

Umgangssprachlich vor allem im Westfälischen wird ein leicht reizbarer, aufbrausender Mensch bisweilen ermahnt oder beschwichtigt, »nicht so viel Bahai zu machen«. Wahlweise auch »Bohai«. Der Ursprung dieser Redewendung ist unklar, vermutlich aber nicht bei den Anhängern der Bahai-Religion zu suchen.

Die gibt es in Deutschland nämlich erst seit 1905, es sind nur ein paar Tausend, und reizbar oder aufbrausend sind die nun gerade nicht: In den 40er Jahren des 19. Jahrhunderts entstand in Persien unter den Mystikern des schiitischen Islam, den »Sufis«, eine Bewegung, die ein »tausendjähriges Reich« des Friedens unter der Herrschaft eines kommenden »Mahdi«, eines Messias, erhoffte. Ihr religiöser Vordenker, Mirza Husain, Autor vieler kluger Bücher, wurde nach Bagdad verbannt, rief dort am 21. April 1863 eine universale »Welt-Einheitsreligion« aus und erklärte sich selbst zum wiedergekommenen »Mahdi«. Woraufhin ihm seine Anhänger den Beinamen »Bahai ù'llah« gaben – die Herrlichkeit Gottes.

Unter dem Namen »Bahai-Religion« predigen seine Anhänger seither die Einheit von Religion, Politik, Wissenschaft, Kunst, Kultur, die rechtliche Gleichstellung von Mann und Frau, Gerechtigkeit und Frieden sowie die Forderung nach einem »Weltparlament der Religionen«. (Nein, das war nicht erst Hans Küngs Idee …) So sympathisch das im Westen ankommt, so erbittert verfolgen islamische Staaten die »Bahai«-Religiösen. Mit der Revolution Ayatollah Chomeinis 1979 brach im Iran eine bis heute andauernde blutige Verfolgung der Bahai los. Weshalb Märtyrer in der Bahai-Religion fast ebenso respektvoll verehrt werden wie in christlichen Kirchen und sich westliche Bahais meist der politischen Solidarität und gesellschaftlichen Wertschätzung ihrer Umgebung sicher sein können.

»BAPTISTEN *sind Russlanddeutsche oder Amerikaner, aber immer stockkonservativ«*

Der bekannteste Baptistenpastor war Friedensnobelpreisträger und Bürgerrechtskämpfer Dr. Martin Luther King (1929–1968), die bekanntesten baptistischen US-Präsidenten waren Jimmy Carter und Bill Clinton, der bekannteste baptistische Sportler war Boxweltmeister George Foreman. Konservativ? Konservativ war der baptistische Prediger Dr. Billy Graham auf theologischem Gebiet. Politisch galt er in den USA eher als in der Mitte stehend.

Die größte evangelische Freikirche der Welt entstand im 18. Jahrhundert in England aus dem Gedanken, keine Säuglinge zu taufen, sondern nur bekennende Gläubige. Damit die Taufe keine Vereinnahmung und die Gemeinde-Mitgliedschaft freiwillig sei. Man beschloss, keine Kirchensteuern einzunehmen, sondern nur freiwillige Spenden, und keine Staatskirche, sondern staatsunabhängig sein zu wollen. Jede baptistische Ortsgemeinde ist autonom, eine Ämterhierarchie gibt es nicht. Ihre Betonung der Reihenfolge »erst glauben, dann taufen« und ihre Vorliebe für öffentliche Taufgottesdienste an Seen und Flüssen brachte ihnen den zunächst spöttisch gemeinten Namen »Baptisten« ein (vom griechischen »baptizein«, taufen), obwohl sie keine historische Verbindung zu den »Wiedertäufern« der Reformationszeit haben.

Ihr frühes Eintreten für Religions-, Versammlungs- und Pressefreiheit brachte ihnen bisweilen Gefängnisstrafen ein.

Entsprechend hoch war die Zahl der Auswanderer in die USA. Dort wuchsen sie rasch zur größten protestantischen Kirche des Kontinents heran, spalteten sich aber 1845 an der Frage, ob ein Baptist Sklaven besitzen dürfe oder nicht. Die Ja-Fraktion gründete den bis heute größten und reichsten »Bund« baptistischer Kirchen: die »Southern Baptist Convention, SBC«. Die Nein-Fraktion gewann zwar Millionen Afroamerikaner dazu, gründete aber vier verschiedene Dachorganisationen. Weshalb man von den – in der Tat konservativen – Südstaatenbaptisten medial einfach mehr hört als vom – liberalen – Rest des US-Baptismus.

In Russland breitete sich baptistisches Gedankengut unter jenen deutschen Aussiedlern aus, die seit Katharina der Großen im orthodoxen Zarenreich als evangelische Minderheit, seit 1917 unter Lenin und Stalin im atheistischen Sowjetreich als »altgläubige Konterrevolutionäre« und seit Hitlers Russlandfeldzug 1942 einfach als »Deutsche« bedrängt, verfolgt und zwangsumgesiedelt wurden. Aus so viel erlittenem Hass entstand – verständlicherweise – eine religiöse und kulturelle Wagenburg-Mentalität.

Die hat eine Minderheit der Russlanddeutschen beibehalten, als sie in den 80er Jahren nach Westdeutschland »heimkehrten«. Und sich nicht den »hiesigen«, ihrer Meinung nach verweltlichten, Baptistengemeinden anschlossen.

Infolgedessen gibt es heute rund 80.000 »russlanddeutsche« und 83.000 »hiesige«, alteingesessene Baptisten in der Bundesrepublik. Wenn die »Hiesigen« nun Kindergärten, Krankenhäuser, Reha-Kliniken und Altenheime betreiben, in der Erwachsenenbildung und in der »Arbeitsgemeinschaft christlicher Kirchen« aktiv und anerkannt sind, machen sie damit keine Schlagzeilen. Wenn Russlanddeutsche eine Schule gewaltsam blockieren, weil dort Jungen und Mädchen zusammen schwimmen müssen, gibt es sofort heftige Medienaufmerksamkeit.

Der Gründer der deutschen Baptisten übrigens, Johann Gerhard Oncken, nichteheliches Kind einer ostfriesischen Hotelangestellten und von Beruf Buchhändler, ließ sich 1834 in Hamburg in der Elbe taufen. So gesehen sind die Baptisten die einzige Konfession in Deutschland, die anfänglich nur als Buchhandlung geplant war.

»Die Mehrzahl von BASILIKUM heißt Basilika«

Das in italienischen Speisen oft und gern verwendete wohlriechende »Königskraut« gehört zur Familie der Lippenblütler und hat pro Stängel genügend Blätter, die man zwischen Mozzarella und Tomaten legen kann. Muss also nicht so in den Plural gesetzt werden wie z. B. »ein Antibiotikum/mehrere Antibiotika«.

Das im Neuen Testament oft und gern verwendete wohlklingende Wort »Königreich Gottes« – griechisch »basileia thu theou« – wird u. a. in Kirchen zitiert, die im Frühmittelalter architektonisch den königlichen Gerichtssälen und Palästen nachempfunden waren und halt »königlich« – griechisch »basilikos« – wirken sollten. Der Duft, der manche Basilika nach einer katholischen Messe durchzieht, ist jedoch nicht Basilikum, sondern Weihrauch.

»David BECKHAM hat sich Bibelsprüche tätowieren lassen«

Fußballer David Beckham trägt 11 Körperbilder auf seinem Traumbody (Stand Herbst 2005), darunter den Satz »I am my beloved, my beloved is mine« aus dem Hohen Lied Salomos, Kapitel 2, Vers 16.

Gleiches steht bei Beckhams Gattin Victoria auf dem Nacken und wurde aus Anlass des sechsten Hochzeitstages tätowiert. Als Herr Beckham seine Tattoos nur gegen Bezahlung fotografieren lassen wollte, verlangte der Prominenten-Tätowierer Louis Molloy Lizenzgebühren. Die optische Wiedergabe eines Bibelverses hingegen dürfte lizenzfrei sein.

»Die BIBEL enthält einen geheimen Code«

Die Vermutung ist uralt, aber US-Journalist Michael Drosnin wärmte sie in seinem Bestseller »Der Bibelcode« (Heyne Verlag 1998) noch einmal gewinnbringend auf. Ob er Recht hat, können Sie gleich nachprüfen: Im Jahre 2006, so eine der entschlüsselten Geheimbotschaften, wird alles Leben auf der Erde ausgelöscht werden. Treten Sie bitte jetzt ans Fenster. Oder vor einen Spiegel. Und?

»Die Bibel ist voller versteckter BOTSCHAFTEN«

Ja, aber anders, als man denkt. Der Schock über die Zerstörung des Jerusalemer Tempels und der heiligen Schriftrollen durch die Römer im Jahr 69/70 n. Chr. veranlasste jüdische Gelehrte, die noch erhaltenen oder im Umlauf befindlichen

Texte in einer für alle Zeiten »amtlichen« Fassung zusammenzustellen und eine »autorisierte Version« herauszugeben. Dies betraf vor allem die Festlegung der Vokale, denn die hebräische Schrift hat streng genommen nur Konsonanten. Die einen, die »Masoreten«, setzten also Aussprache-Akzente, die anderen zählten. »Sofrim« hießen jene Mathematiker, die die Wörter, Verse und Abschnitte auflisteten, um die Vollständigkeit und Richtigkeit zukünftiger Abschriften prüfen und gewährleisten zu können. Erleichtert wurde ihre Arbeit dadurch, dass im Hebräischen jeder Buchstabe einen Zahlenwert hat. Also konnten die Herrschaften Quersummen bilden und schon vor 2.000 Jahren das tun, was heute jeder computerbewehrte Steuerberater macht: eine Checksummenprüfung. Addiert, subtrahiert, multipliziert oder dividiert man nun die einzelnen Zahlenwerte oder Quersummen voneinander bzw. miteinander und »rückübersetzt« sie in Buchstaben, kommt nicht immer nur Kauderwelsch dabei heraus, sondern des Öfteren durchaus auch ein Wort oder eine sinnvolle Wort-Kombination. Und ergibt auch die noch keinen Aussagesatz, kann man sie ja ins Griechische oder Lateinische übersetzen.

Junge ultra-orthodoxe Computerfreaks in Israel wollten auf diese Weise den Holocaust, die Ermordung Jitzak Rabins und das Ende allen Lebens auf Erden im »Bibel-Code« vorausgesagt sehen.

Aber: Könnten sie das mit dieser Software nicht auch bei den »Buddenbrooks« von Thomas Mann oder bei »Harry Potter« von Joanne K. Rowling vorausgesagt finden ...?

»Versteckt« im Sinne von »offensichtlich dahinter stehend« ist in den biblischen Geschichten tatsächlich das, was Kirchenvater Augustinus (354–430 n. Chr.) den »vierfachen Schriftsinn« nannte. Nehmen wir als Beispiel die Stadt Jerusalem: Der »Sensus historicus«, die vordergründigste Bedeutung, wäre: Es gab die Stadt Jerusalem, wo Menschen Gott begegneten.

Der »Sensus allegoricus«, die vergleichende Bedeutung, wäre: Heute ist die Kirche der Ort, wo Menschen Gott begegnen. Kirchen sind eine Art »weltweites Jerusalem«.

Der »Sensus moralis«, die erzieherische Bedeutung, wäre: Ist Deine Seele der Ort, wo Du Gott begegnest? Hast Du Dein »inneres Jerusalem« gefunden?

Und der »Sensus profeticus«, die vorausblickende Bedeutung, wäre: Nach dem Tod gibt es ein Leben in permanenter Gottesbegegnung, ein »himmlisches Jerusalem«.

Natürlich lässt sich die Suche nach diesem »vierfachen Schriftsinn« nicht auf alle Erzählungen der Bibel anwenden, aber kontinuierlich durch 2000 Jahre Auslegungsgeschichte hindurch bereiten noch heute viele Pfarrer ihre Predigten u.a. mit Hilfe dieser Methode vor. Für sie und ihre Hörer jedoch scheint nach wie vor richtig, was US-Schriftsteller Mark Twain (1835–1910) sagte: »Ich habe keine Schwierigkeiten mit dem, was ich in der Bibel nicht verstehe. Probleme machen mir die Stellen, die ich sehr gut verstehe!«

»Bischöfe *sind in evangelischen und katholischen Kirchen dasselbe*«

Der Bischof (vom griechischen »episkopos«: Aufseher, Schiedsrichter, Supervisor) ist nach katholischem Verständnis ein direkter Nachfolger des Apostels Petrus, wird vom Papst ernannt, steht an der Spitze der straffen Hierarchie seines Bistums, hat eine Fülle von Vollmachten und Rechten und ist in seinen Entscheidungen letztlich nur dem Papst verantwortlich. (Beschlüsse seines Diözesanrates oder der

Deutschen Bischofskonferenz sind für ihn nicht bindend im kirchenrechtlichen Sinn.) Sein Titel »Bischof« und seine Machtfülle sind von Manila bis Montevideo, von Spitzbergen bis Swasiland überall gleich.

Der Bischof nach evangelischem Verständnis ist der gewählte »Erste unter Gleichen« der Pfarrerschaft einer Landeskirche und je nach Region mehr der Prediger für die Gemeinden, der Seelsorger für die Pfarrer oder der Abteilungsleiter diverser Gremien. In Bayern, Württemberg und Baden heißt er Bischof, in der Pfalz und in Hessen »Kirchenpräsident«, im Rheinland und in Westfalen »Präses«, in Sachsen »Bischof und Propst«, in Schaumburg-Lippe »Superintendent«, in Hannover, Hamburg und Lübeck »Bischöfin« und in Bremen »Leitender Kirchenausschuss« ... Ähnlich verwirrend sind auch die Hierarchien, Zuständigkeiten, Rechte und Rechenschaftspflichten eines evangelischen Bischofs in den 23 deutschen Landeskirchen verteilt.

»Buddhisten dürfen kein Fleisch essen«

Buddhisten wollen möglichst keine Tiere töten. Ein ausdrückliches Verbot von Fleischgenuss kennt der Buddhismus jedoch nicht. Da die Mönche aber mehrheitlich Vegetarier sind und als Vorbilder auf dem Weg zu immer größerer Bedürfnislosigkeit gelten, wird in buddhistisch geprägten Ländern wie Sri Lanka, Thailand oder Vietnam allgemein weniger Fleisch verzehrt als anderswo.

»Die so genannten ›Bullen des Papstes‹ gibt es wirklich«

Die »Bulla« war bei den ersten christlichen Kaisern Roms – ab 313 n. Chr. – das Bleisiegel, das die Schnur um eine (eingerollte) Urkunde verschloss.

Im Hochmittelalter ging der Begriff auf die Urkunde selbst über und wurde eingedeutscht: »Die Bulle«. Ein Erlass, ein Gesetz, eine Verordnung. Berühmt wurde die »Bannbulle« Papst Leo des X., unterzeichnet am 3. Januar 1521, mit der er Martin Luther aus der katholischen Kirche ausschloss und ihn zum Ziel der Strafverfolgung erklärte, d. h. auf den Scheiterhaufen wünschte. Genau jener Leo X. verpflichtete eine Gruppe von Söldnern, die seit 1506 in Rom lebte, als »Cohors pedestris Helvetiorum a sacra custodia Pontificis«, wörtlich: Schweizer Fußtruppe zum Schutze des Pontifex. Heute als »Schweizer Garde« in gelb-blau-roten Gala-Uniformen mit historischen Helmen und Hellebarden ein beliebtes Foto-Objekt der Rom-Touristen. Anders als die Bärenfell-Guards am Buckinghampalast in London bewachen die Schweizer Gardisten aber nicht nur die Palasteingänge, sondern begleiten den Papst auch als Bodyguards. Dann natürlich in Zivil. Ihr größtes Desaster erlebten sie beim Attentat auf Johannes Paul II. am 13. Mai 1981, als Ali Agca auf den Papst schoss.

Da der Vatikan formal ein eigenständiger Staat ist, gibt es noch eine 140 Mann starke »Corpo die Vigilanza«, die Vatikan-Gendarmerie. Ihren größten Triumph erlebten diese am 8. April 2005, als sie rund 3 Millionen Menschen sicher zur Beerdigung Johannes Paul II. leiteten. Diese mediterran lockeren, meist freundlichen und doch korrekten Polizisten nun mit einem bekannten deutschen Schimpfwort zu belegen, verbietet der Anstand, finde ich.

»Bürokratie ist reformierbar«

Zweifellos ein Irrtum. Aber was hat der in einem Lexikon der speziell »religiösen Irrtümer« zu suchen? Ist das nicht ein politischer, ein logistischer, ein kultureller Irrtum?

Sehen Sie: Kaum ist das Wort »Bürokratie« gefallen, geht es um Zuständigkeiten. Statt um Inhalte. Ein waschechter Beamter fragt ja nicht, »wie« ist ein Problem zu lösen, sondern »wem« kann ich es weiterreichen?!

Bürokratie dehnt sich genauso unaufhaltsam aus wie das Universum: 1960 gab es 1,3 Millionen Bauern, und 2.500 Bundesbeamte waren für sie zuständig. 1980 gab es noch 500.000 Bauern, aber schon 4.400 für sie zuständige Beamte. Und während in Brüssel hochdotierte EU-Normierer den genehmigten Krümmungsgrad einer Gurke oder die »Vorschriften zur Vereinheitlichung europäischer Traktorsitze« festlegen (es sind 40 Vorschriften), müssen wir in diesem Buch zerknirscht zugeben, dass auch und gerade die Kirchenverwaltungen »reformierbar« wohl nur im Sinn ihrer weiteren Aufblähung sind. Wer die Worte »Kirche« und »Parkinson« hört, denkt an die Schüttellähmung des greisen Johannes Paul II. Doch nicht der englische Mediziner J. Parkinson (1755–1824), sondern der englische Historiker Cyril Parkinson (1909–1993) erklärt uns, wovon Staat und Kirche befallen sind: Setzt man die Zahl der Mitarbeiter, ihr Dienstalter und ihre Besoldung, ihren Anspruch auf Beförderung, ihre geleisteten Arbeitsstunden und die betriebsinternen Verwaltungsstrukturen und -abläufe in Relation zur tatsächlich erledigten Arbeit, ergibt sich – mathematisch zwingend – eine jährliche Wachstumsrate der Bürokratie zwischen 5,17% und 6,5%. Jährlich! »Die Vervielfältigung von Problemen durch die Einstellung weiterer Beamter« nannte Mr. Parkinson das. Just als voluminöse Federbetten aus der Mode kamen und junge Paare in den ersten Ikea-Häusern ihre (Baumwoll-, Kamelhaar- oder Satin-) Decken orderten, wurde beispielsweise die »Bundesprüfstelle für Bettfedern« eingerichtet: Am 26. September 1974!

Die erste Bundeskanzlerin in der deutschen Geschichte widmete Jahre später der »Entlastung der Bürger und der Wirtschaft von Bürokratiekosten« ein eigenes Kapitel im Koalitionsvertrag ihrer schwarzroten Regierung. Mündlich versprochen hatte das auch schon ihr Vorgänger Gerhard Schröder, aber seit 1999 wurden 122 Gesetze und 178 Verordnungen mehr erlassen als abgeschafft.

Kaum reformierbar ist das stete Verkomplizieren des Lebens durch die Erfindung neuer Formulare und Formularausstellungsstellen u.a. deshalb, weil die Kontrollorgane – Rechnungshöfe und »Revisionsabteilungen« – ja selbst staatliche oder kirchliche Einrichtungen sind. Und weil Bürokraten ein feines Gespür für Planstellenerhalt haben: Nachdem England am 3. Dezember 1800 eine schwere Niederlage gegen Napoleon hinnehmen musste, wurde die Stelle eines Wachpostens auf den Klippen von Dover geschaffen. Der Mann sollte mit Hilfe eines Fernrohrs nach französischen Schiffen Ausschau halten und gegebenenfalls die Sturmglocke läuten. Diese Planstelle wurde 1945 gestrichen.

Beruft sich jedoch ein bauernschlauer Bürger (und Bayer) auf allzu Vergangenes, ist die Bürokratie gänzlich im Hier und Jetzt angekommen: Ein Fabrikant weigerte sich, den Kirchensteueranteil des Lohns seiner Arbeiter einzubehalten und ans Finanzamt abzuführen (eine zeitraubende Verwaltungsarbeit, die die Kirche an den Staat und der Staat an die Unternehmer weitergereicht hat – siehe oben). Der Grund für diesen Steuerboykott: Eine der Ur-Ur-Ur-Großmütter des Arbeitgebers sei 1664 gefoltert und als Hexe auf dem Scheiterhaufen verbrannt worden. Einer »in der Vergangenheit kriminell tätigen Organisation« wolle er nun keinen »aufgezwungenen Inkassodienst leisten«, argumentierte der Fabrikant.

Das Finanzgericht München erklärte sich am 21. 8. 1989 unter dem Aktenzeichen 13 K 2047/89 für nicht zuständig (siehe oben), weil »die Vorfahrin des Klägers nicht von der Kirche, sondern von der weltlichen Justiz eines Teilstaates des damaligen ›Heiligen Römischen Reichs‹ gefoltert und verbrannt worden« war und formulierte: »Weder die römisch-katholische noch die evangelische Kirche sind kriminelle Vereinigungen.«

Ein klares Wort. Nun gut. Aber ist dann der Freistaat Bayern eine? Nein. Denn: »Weder der Freistaat Bayern noch die Bundesrepublik Deutschland sind unmittelbare Rechtsnachfolger jener damaligen staatlichen Institutionen, die das Urteil gegen die Vorfahrin des Klägers ausgesprochen und gefällt haben.« Also: Her mit der Kirchensteuer. Und zwar von Dir errechnet und überwiesen!

Das klingt plausibel. Nur: Wenn es um den Besitz von Burgen, Schlössern, Kirchen, Kunstschätzen und Ländereien aus just jener Zeit geht, sind der Freistaat Bayern und die Kirchen gern »unmittelbarer Rechtsnachfolger«, oder?

C

*»Wer sich nichts gönnt,
ist ein* CALVINIST«

Wer sich nichts gönnt, ist ein Asket oder ein Puritaner. Ein Calvinist ist jemand, der zur »evangelisch-reformierten Kirche« gehört, und diese entstand im 16. Jahrhundert durch den Genfer Reformator Johannes Calvin (1509–1564). Calvin nannte Martin Luther einen »Vater«, unterschied sich aber von ihm durch das Verständnis des Abendmahls, der Vorherbestimmung des Menschen zum Heil oder Unheil und im Verständnis des Wesens und der Struktur von Kirche. Als strenger Beichtvater, der in der Seelsorge auf die motivierende Kraft hoher Forderungen setzte, ging Johannes Calvin in Genf rigoros gegen Abweichler und Aufweichler vor (»Kirchenzucht«), verbannte konsequent alle Bilder, Altarskulpturen oder sakrale Kunst aus der Kirche (»calvinistische Kargheit«), und entwickelte eine Wirtschafts- und Sozialethik, die zum baldigen sichtbaren Erfolg ihrer Anhänger führte: Aus Dankbarkeit Gott gegenüber habe jeder Mensch die Pflicht, seine Gaben, Rohstoffe und Produktionsmittel zu mehren. Um seine durch Jesu Kreuzestod gerettete Seele dabei aber nicht wieder an den Mammon zu verlieren, müsse er eine innere Freiheit vom Besitz bewahren. Diese innere Unabhängigkeit vom Besitz beweise man nicht so sehr durch hohe Spendenfreudigkeit (statt Almosen zu geben, vermittelte Calvin in Straßburg z. B. arbeitslose Flüchtlinge in die Handwerksbetriebe), sondern durch eine verzichtsbereite, bedürfnisarme Genügsamkeit. An luxuriösem Genuss bedauerte Calvin weniger die Verschwendung von Mitteln als vielmehr die Schwäche und Disziplinlosigkeit des Genießenden.

Während die deutschen Protestanten eher Martin Luther folgten, breitete sich in der Schweiz, in Holland und in England stärker der Calvinismus aus. Mit den Auswanderern des 17. Jahrhunderts wurden Calvins Ideen zum prägenden »Arbeitsethos« Amerikas. Weshalb der Sozialethiker Max Weber im 20. Jahrhundert eine wirtschaftshistorische Linie von den Lehren Calvins bis zum Frühkapitalismus zog.

»Torschützen und Popstars sind CHARISMATISCH«

Charismatisch nennt man Menschen mit einer ausgeprägten Begabung (»ein charismatischer Konzertpianist«), mit einer faszinierenden Ausstrahlung (»die hat Charisma, das gewisse Etwas«) oder mit der Fähigkeit, andere zu überzeugen, mitzureißen und anzuleiten (»eine charismatische Führerfigur«).

Der Begriff kommt vom griechischen »charis«, die Gnade. Daher unser etwas angestaubter Sprachgebrauch »ein begnadeter Künstler«.

Im Neuen Testament werden neben den »natürlichen« auch noch »übernatürliche« Begabungen, so genannte »Gaben des Heiligen Geistes« aufgelistet: »Dem einen schenkt Gott im rechten Moment das richtige Wort, ein anderer kann durch den Heiligen Geist den Willen Gottes erkennen; wieder anderen schenkt Gott unerschütterliche Glaubenskraft, anderen die Gabe, Kranke zu heilen. Manchen ist es gegeben, Wunder zu wirken; anderen, die Geister zu unterscheiden; einige haben die Gabe der Zungenrede, andere die Gabe, solches Zungenreden auszulegen.« (1. Korintherbrief Kapitel 12, Verse 8 bis 11)

Gerade Letzteres – eine Art unverständliches Lallen wie in Trance – hat schon am allerersten Pfingstfest (Apostelgeschichte Kapitel 2, Vers 4) skeptische Beobachter vermuten lassen, »Charismatiker« seien schlichtweg Betrunkene (Vers 13). Was nicht stimmte. Als Mitte des 19. Jahrhunderts in den USA immer mehr hochemotionale, ekstatisch singende und betende evangelische Christen dieses »Zungenreden« zum unverzichtbaren Erkennungsmerkmal und »Beweis« eines geisterfüllten Christseins erklärten und die besonders spektakulären »Charismen« wie Krankenheilung und Wunder zu den wichtigsten Gaben und Aufgaben ihrer Gemeinden zählten, war der Bruch mit den traditionellen evangelischen Kirchen perfekt und die »Pfingstbewegung« geboren. Heute ist sie als »charismatische Bewegung« die am rasantesten wachsende christliche Konfession der Welt. Obwohl (oder gerade weil) sie weder ein verfasstes Glaubensbekenntnis noch eine gemeinsame Organisationsform hat und sich in tausenderlei, meist kurzlebige, »Gemeinde-Neugründungen« zersplittert. Den meisten »charismatischen« Gottesdiensten ist gemeinsam, dass verzücktes Juchzen, enthusiastisches Rufen, inbrünstiges freies Beten, spontaner Ablauf der Liturgie, öffentliche Beichte, Handauflegung, »Zungenrede« und individuelle »Prophezeiungen« nicht als befremdlich empfunden werden, sondern als – begnadet.

»In CHINA spielt Religion kaum eine Rolle«

So hätten es die Herren im Pekinger Zentralkomitee der Kommunistischen Partei gerne. Tatsächlich aber sind laut (sehr vorsichtigen regierungsamtlichen) Statistiken aus dem Jahr 2005 von insgesamt 1,29 Milliarden Chinesen mindestens 100 Mio. Buddhisten, 20 Mio. Muslime, 18 Mio. Protestanten, 14 Mio. Katholiken und 50 Mio. Anhänger nicht näher definierter »religiöser Kulte und Sekten«. Weil die Behörden dazu aber auch jene katholischen und evangelischen Gemeinden zählen, die sich nicht staatlich registrieren lassen, addieren ausländische China-Kenner mindestens die Hälfte dieser so genannten »Sekten« zu den normalen christlichen Kirchen hinzu und schätzen die Zahl der Christen auf knapp 60 Millionen. Das jährliche Wachstum katholischer Gemeinden beziffert die in Hongkong erscheinende unabhängige Zeitung »Zhengming« mit 200.000 Gläubigen, das der evangelischen Gemeinden mit jährlich 300.000.

»CHRISTUS ist der Nachname von Jesus«

Der Nachname Jesu war »Josefs Sohn aus Nazareth«. Vaters Rufname und der Wohnort reichten nicht nur in der jüdischen Antike, sondern auch in Deutschland bis etwa 1100 n. Chr. völlig aus, um eine Person unterscheidbar zu identifizieren. Erst mit dem Anwachsen mittelalterlicher Städte und der wanderungsbedingten Durchmischung regionaler Gruppen wurden »Nach«-Namen erforderlich. Meist nahm man schlicht den Beruf des Betreffenden (Bäcker, Bauer,

Metzger, Meier, Müller, Gerber) oder seinen Herkunftsort (Sternburg, Helmberg, Wagenbach).

»Christus« ist die griechische Übersetzung des hebräischen Wortes »Messias« und somit ein Titel. »Jesus, der Christus« wäre korrekt und – bereits ein Bekenntnis. Dass der Zimmermannssohn aus Nazareth aber der Messias, also »Gottes Gesandter« gewesen sein soll, wurde (und wird) von Juden heftig bezweifelt. Weshalb ein Christenverfolger wie der frühe Saulus die neue Gruppierung vage als »die des Weges sind« tituliert (Apostelgeschichte Kapitel 9, Vers 2). Erst Mitte der 40er Jahre des ersten Jahrhunderts werden in Antiochien die Christen »Christen« genannt (Apostelgeschichte Kapitel 11, Vers 26), und noch 116 n. Chr. weiß der römische Historiker Tacitus wenig mehr, als dass »sich die Gruppe der Christianer nach einem gekreuzigten Juden nennt«.

»CHUZPE *heißt:*
blindes Gottvertrauen«

Chuzpe kommt aus dem Jiddischen, einer in Mittelosteuropa entstandenen Mischung aus Hebräisch und Deutsch, und bedeutet in etwa »glücklich verlaufene Frechheit«, »erfolgreiche Dreistigkeit«, »freundliche Unverschämtheit«.

D

»Der DALAI LAMA *ist für Buddhisten eine Art Gott«*

Der Tibeter Lhamo Thöndup, heute Tenzin Gyatso, geboren am 5. Juli 1935, ist nach Auffassung tibetisch-lamaistischer Buddhisten die 14. Wiederverkörperung (»Re-Inkarnation«) seiner Vorgänger.

Also gerade nicht die erstmalige und einmalige »Menschwerdung Gottes«, wie Jesus von Nazareth dies laut christlicher Lehre war, sondern die kontinuierliche Fortsetzung des »Ozeans der Weisheit«. Das heißt »Dalai Lama« auf deutsch. Von 1391 bis 1949 n. Chr. wurde Tibet von Mönchsherrschern regiert, die in einer solchen Staatsform der »Theokratie«, der Gottesherrschaft, zwar eine fast uneingeschränkte, »gott-gleiche« Macht ausüben mochten, sich selbst aber nie als »Gott« verstanden oder bezeichnet haben.

Denn: Als der Inder Siddharta Gautama Mitte des 6. Jahrhunderts n. Chr. die Religiosität der Hindus zu einer Lebenshaltung reformierte bzw. weiterentwickelte, die kein jenseitiges personales Gegenüber (»Gott«) mehr anerkannte und ihre ethischen Prinzipien nicht von einem übermenschlichen »Gesetzgeber im Himmel« her ableitete, sondern aus sich selbst heraus bezog – da verehrten ihn seine Anhänger als »Erleuchteten«, als »Buddha«. Ausgehend von der Beobachtung, dass die Jagd nach Stillung der Bedürfnisse Leid und Absurdität verursacht, dass also das ständige Befriedigenmüssen von »Durst, Lust, Gier und Leidenschaft« nur eine Illusion von Existenz ist und noch nicht die »wahre Existenz«, empfiehlt der Buddhismus, das absolute Nicht-Wünschen anzustreben, »in die Bedürfnislosigkeit zu erwachen«, kurz: ins »Nirwana« zu gelangen.

Der 14. Dalai Lama ist der spirituelle Führer und Exil-König der Tibeter, er ist der prominenteste Vertreter des Buddhismus, er ist Friedensnobelpreisträger und ein weiser Bestsellerautor, der protokollarisch korrekt mit »Eure Heiligkeit« angesprochen wird – aber den Titel »Gott« würde er kichernd ablehnen. Wörtlich meinte er dazu: »Im buddhistischen Weltbild gibt es keinen Schöpfergott. Wir glauben, dass wir selbst letztendlich Schöpfer sind und dass jedem mitfühlenden Wesen die Buddha-Natur innewohnt.« Definiert man »Religion« als Regelwerk, Gedankengebäude und Lebenspraxis des Dialogs und der Interaktion zwischen Mensch und Gott – dann ist der Buddhismus so gesehen keine »Religion«, sondern eine Philosophie.

»DEMOKRATIE *ist den Kirchen im Grunde suspekt«*

Weil weder Naturgesetze noch göttliche Voraussetzungen (Gnade, Heil, ewiges Leben) per Mehrheitsbeschluss herbeigeführt werden und »das Volk« oft genug zum eigenen Schaden »herrschte«, ist eine gewisse Demokratie-Skepsis speziell der katholischen Kirche bis tief ins 20. Jahrhundert hinein spürbar gewesen. Aber auch die (erst mit Hilfe der Fürsten mächtig gewordene) protestantische Reformation Martin Luthers hielt zunächst nichts davon, das innerkirchliche Prinzip des »Priestertums aller Gläubigen« (1. Petrusbrief Kapitel 2, Verse 5 bis 9) auch außerkirchlich als »Herrschaft aller« zuzulassen und anzuwenden. In der französischen Revolution von 1789 und der »Säkularisation« Europas im 19. Jahrhundert präsentierten sich zudem die meisten Vorkämpfer demokratischer Bürgerrechte als militant anti-kirchlich.

Es waren die englischen, amerikanischen und skandinavischen Protestanten des 18. Jahrhunderts, die in der Demokratie jene Staatsform erkannten, in der Meinungs-, Gewissens- und Religionsfreiheit, politische Gleichheit aller Bürger, soziale Gerechtigkeit und Solidarität mit den Schwachen am ehesten zu verwirklichen sind, und die sie dann auch nach Kräften förderten.

Seit den zahlreichen Lehrschreiben Papst Leo XIII. (1878–1903) und der Denkschrift »Evangelische Kirche und freiheitliche Demokratie« von 1985 ist das Bekenntnis beider Kirchen zur Demokratie unumkehrbar.

Was nicht bedeutet, dass es innerkirchlich immer »demokratisch« zugehen muss ...

»*Einen* DENKZETTEL *verpassen‹ heisst im Klartext: verprügeln«*

Was bei uns Klartext heisst, demonstriert oft nur den (Ur-)Sprung in der deutschen Schüssel: Die Redewendung kommt aus dem Judentum, und statt Schläge gab's ein Fest: »Erklärt zu Beginn des Festes, dass Ihr es feiert, weil der Herr Euch geholfen und aus Ägypten befreit hat. Es soll Euch sein wie ein Zeichen auf der Hand und ein Band um Eure Stirn, die Euch an die Weisungen Gottes erinnern.« (2. Buch Mose Kapitel 13, Vers 9).

»Höre, Israel, Dein Gott ist nur einer. Ihr sollt ihn von ganzem Herzen lieben, mit ganzer Seele und aller Kraft ...

Schreibt Euch diese Worte zur Erinnerung auf ein Band, wickelt es um Hand und Stirn, ritzt sie ein in die Pfosten Eurer Haustüren und Stadttore!« (5. Buch Mose Kapitel 6, Verse 4.8.9) Diese Gebote Gottes befolgen fromme Juden bis heute, besonders am Passahfest.

Weil an diesen so genannten »Gebetsriemen« um den linken Oberarm Kapseln befestigt sind, die einen kurzen Bibeltext enthalten, nannte Martin Luther in seiner deutschen Bibelübersetzung 1523 das Ganze »Denkzettel«. Vom lateinischen »cedula«, die Notiz. Mit »jemandem eine verpassen« hat es nichts zu tun. Mit einem »Andenken« viel.

»Diakonissen *sind evangelische Nonnen«*

Weibliche Diakone (vom griechischen »Helfer«, »Diener«) in der Gemeindearbeit, Religionspädagogik, Kranken- und Altenfürsorge und in der Sozialarbeit gab es schon, bevor es Nonnen gab: Jesus und seine Jünger wurden von Frauen unterstützt (Lukas-Evangelium Kapitel 8, Vers 3), und der Apostel Paulus schreibt namentlich an verantwortliche »Diakoninnen« wie beispielsweise die Phoebe in Korinth (Römerbrief Kapitel 6, Vers 1).

Entscheidet sich eine in der evangelischen Kirche tätige Diakonin, ehelos zu leben und ihre Arbeit als Erzieherin, Krankenschwester, Altenpflegerin oder Sekretärin im Auftrag eines der vielen im 19. Jahrhundert gegründeten »Diakonissen-Mutterhäuser« zu tun, und ist sie darüber hinaus bereit, die Tracht ihres Mutterhauses zu tragen (meist eine graublau oder anthrazitfarbene Kombination aus Rock, Bluse, glockenförmigem Schulterbesatz und weißer, gestärkter Kopfhaube) – dann ist sie »Diakonisse«. Aber im Unterschied zu einer katholischen Nonne nicht durch ein mehrjähriges Noviziat (Prüfungszeit) gegangen, nicht per »ewigem Gelübde« im Gehorsam an ihre »Äbtissin« (evangelisch: »Oberin«) gebunden, nicht als »Braut Christi« zu lebenslanger Ehelosigkeit verpflichtet, sondern nur für die Zeit ihres Dienstes, nicht einem weltweiten Orden (Franziskanerinnen, Zisterzienserinnen, Benediktinerinnen) angehörig und natürlich auch nicht der Lehrautorität des Papstes oder eines Bischofs unterstellt.

Einen – nicht beabsichtigten – Unterschied gibt es noch obendrauf: Einige Nonnenklöster haben verblüffend viel Zulauf von jungen Bewerberinnen. Diakonissen-Mutterhäuser hingegen altern rapide und suchen händeringend Nachwuchs.

E

»EMPFÄNGNISVERHÜTUNG ist für Katholiken verboten«

Seit der päpstlichen Enzyklika »Humanae Vitae« Papst Pauls VI. (vom griechischen κύκλος, Kreis, Rundschreiben – betitelt nach den ersten lateinischen Worten dieses Schreibens: »Vom menschlichen Leben«) sind für Katholiken künstliche Verhütungsmethoden verboten. Z. B. die Pille, das Kondom oder die Spirale. Natürliche Verhütungsmethoden hingegen sind erlaubt. Aber riskant.

Vielleicht einer der Gründe, warum die Abtreibungszahlen gerade in zwei erzkatholischen Ländern Europas am höchsten sind: Irland und Polen.

»Ein blauer ENGEL verkündete der Maria die Geburt Jesu«

Das muss eine Verwechslung sein, Herr Kommissar: Auf vielen Gemälden alter Meister wird Maria mit einem blauen Mantel dargestellt, um sie bereits als »himmelseingehüllt« oder als »Himmelskönigin« zu ehren. Der Engel selbst trägt dabei Gewänder unterschiedlichster Farben (bei Fra Angelico, Botticelli, Tizian und Raffael meist rot). Nicht mal Marlene Dietrich trat als »Blauer Engel« auf: In Regisseur Josef von Sternbergs berühmtem Film aus dem Jahr 1929 hieß der Nachtclub »Blauer Engel«, in dem Frau Dietrich als »Lola Fröhlich« strippte.

»ENGEL sind so was Ähnliches wie Elfen«

Das hätten Esoteriker vielleicht gern. Mal ganz unabhängig, ob man Engel oder Elfen für »existent« hält: 205 Mal ist in der Bibel von »Boten Gottes« (hebräisch »מלאך«, griechisch »ἄγγελοι«) die Rede und nur vier Mal (2. Buch Mose Kapitel 25, Jesaja Kapitel 6, Hesekiel Kapitel 1 und Buch der Offenbarung Kapitel 4) haben diese Engel »Flügel«. Ansonsten sind es so normal menschlich erscheinende Wesen, dass die Empfänger ihrer Botschaft sie oft gar nicht als Engel erkannten (Buch der Richter Kapitel 6, Verse 11 bis 21) oder unwissentlich »Engel beherbergten« (Hebräerbrief Kapitel 13, Vers 2). Allerdings wäre es banal, jeden netten oder hilfsbereiten Menschen auf der Straße gleich als »Engel« zu vereinnahmen (Rudolf Otto Wiemer: »vielleicht ist es einer, der gibt Dir die Hand oder er wohnt neben Dir, Wand an Wand, der Engel«), weil nach biblischem Verständnis ihre »Jenseitigkeit«, ihre Zugehörigkeit zur nichtmateriellen Welt als »dienstbare Geister Gottes« (Hebräerbrief Kapitel 1, Vers 14) oder »Gottes himmlischer Hofstaat« (Buch der Offenbarung Kapitel 5, Vers 11) klar unterschieden wird von uns diesseitigen, erdverhafteten »Normalsterblichen«.

Regisseur Wim Wenders in seinem Engel-Film »Der Himmel über Berlin« hält diese Unterscheidung bezeichnenderweise ein. Konstitutiv für einen »Engel« im Sinn der drei monotheistischen Religionen ist a) seine Herkunft aus dem Jenseits, b) seine Beauftragung durch einen personal verstandenen Gott und c) seine Funktion in einer konkreten Situation oder an einem benennbaren Adressaten.

Nichts davon bei den Erd-, Wasser-, Feuer- und Luft-»Elfen« der Naturreligionen, der theosophischen Mythologie und der Esoterik: unterirdische Gnome, Trolle und Wichtel; ebenerdige Baumgeister, Kobolde, Faune und Waldfeen; luftige Sylphen und Devas, schwimmende Nixen und »Wasserbabies«, Feuer-Elfen und Salamandergeister sind »Vergeistigungen« der vier Naturelemente, mystisch visualisierte Bewohner der ganz und gar diesseitigen Welt, ohne Auftraggeber, Botschaft oder Funktion am Menschen.

»Bei ENTRÜCKUNG *wird dieses Fahrzeug führerlos sein«*

Beliebter Autoaufkleber unter US-Evangelikalen. Ein einziger Bibelvers (1. Thessalonicherbrief Kapitel 4, Vers 17: »Der Herr wird beim Schall der Posaune Gottes vom Himmel herabkommen, die Toten in Christus werden zuerst auferstehen, danach werden wir, die übrigen Lebenden, mit ihnen entrückt werden in den Wolken, dem Herrn entgegen in die Luft«) genügte dem Buchautor Tim LaHaye aus San Diego/Kalifornien, um daraus 11 Endzeit-Thriller mit je 300 Seiten zu schreiben. Titel der Serie: »Left behind«. Gemeint ist: Bei der Entrückung zurückgeblieben.

Die Handlung: Die Ehefrau und der Sohn des Piloten (!) Rayford Steele sind entrückt worden. Jesus ist offenbar bereits wiedergekommen, nun beginnt die siebenjährige apokalyptische »Zeit der Trübsal«, der UNO-Generalsekretär entpuppt sich als Weltdiktator und Christenverfolger, weshalb Herr Steele eine »Tribulation Force« gründet, eine Art evangelikaler Anti-Terror-Gruppe. Tim LaHayes triviale Mischung aus fundamentalistischem Gotteskrieg, verkitschtem Weltuntergangspathos und moralinsaurer Oberlehrer-Ermahnung verkaufte sich mehr als 50 Millionen Mal. Lange vor dem Erfolg von Harry Potter wurde z. B. schon Band 9 der »Left behind«-Serie (»Die Entweihung«) in einer Startauflage von 2,8 Millionen Exemplaren mit 126 Lastkraftwagen ausgeliefert. Anfang 2002 erhielt der immerhin 76-jährige Tim LaHaye vom Verlag Bantam Dell ein Vorschuss-Honorar von 42 Millionen US-Dollar. Für Bücher, die er noch gar nicht geschrieben hatte. Mit dieser Summe gehört der Entrückungsfabulierer neben Rowling, Stephen King und John Grisham zu den teuersten Schriftstellern der Welt.

»Esoteriker *glauben an die Natur*«

An die Natur »glauben« – im Sinne von »sich drauf verlassen und sich ihr anvertrauen« – die Physiker, Biologen und

Chemiker, die Bauern, die Flugzeugkonstrukteure, Ärzte und Architekten. Esoteriker hingegen »vergeistlichen« die Natur, »spiritualisieren« sie.

Griechisch »esoterikos« heißt »geheim, innerlich« und gehört zum Gegensatzpaar »exoterikos«, öffentlich, äußerlich. Werden 10 % bis 25 % der Verkaufsfläche einer Buchhandlung für »esoterische« Veröffentlichungen genutzt, wird soeben aus Esoterik Exoterik gemacht, wird Heimliches unheimlich ...

»Esoterik« ist zu einem unscharfen Sammelbegriff geworden für alles und jedes rund um die Elemente, die Naturphänomene und Organismen: von organisch angebauten Lebensmitteln über alternative Heilmethoden, von Tarotkartenlesen, Yoga-Übungen, Zahlenkabbalistik und Astral- oder Chakren-Meditation bis zu spiritistischen Sitzungen oder okkulten (»verborgenen«) Ritualen.

Weil viel esoterisches »Geheimwissen« von den Mystikern des Judentums, des Christentums und des Islam stammt, sind die Grenzen zu definitiv jüdischen, christlichen oder muslimischen Praktiken (»Exerzitien«) bisweilen durchlässig. Ähnlich wie sie erlebt und erleidet aber auch der »Naturglaube« der Esoteriker bereits seine Verweltlichung: Wem die Beschäftigung mit uralten Schriften zu umständlich und die Teilnahme an pathetischen Ritualen zu spinnert sind, geht halt ins Wellness-Bad und lässt sich ayurvedisch massieren. Pop-Esoterik light, oder?

»»Essen und Trinken *hält Leib und Seele zusammen‹ steht in der Bibel«*

Nein. Nirgends. Schauen Sie nach.

»ERZBISCHOF *kommt von Erzengel*«

Die Vorsilbe »Erz«- meint nicht das unterirdische Mineral gleichen Namens, sondern kommt vom griechischen »arch«-, was »Anfang« oder »Ursprung« heißt und den ersten oder vorrangigen einer Gruppe von Bischöfen bezeichnet. Mit den »Erz-Engeln« Michael (Buch Judas Kapitel 9), Raphael (Buch Tobit Kapitel 4) und Gabriel (Lukas-Evangelium Kapitel 1, Vers 16) haben Bischöfe nur zu tun, wenn sie von ihnen erzählen. Wohl aber mit dem Begriff »episkopos«, Aufseher, Supervisor. Und wer streng alles beaufsichtigt und immer nur das Althergebrachte bewahrt, darf getrost »erzkonservativ« genannt werden.

»*Immer mehr* FEIERTAGE *der Kirche werden vom Staat gestrichen*«

Das Feiertags-Durcheinander zwischen den Bundesländern, die Streichung des bundesweiten Buß- und Bettages für die Pflegeversicherung 1994 und die Begehrlichkeiten des Arbeitgeberverbandes, den Pfingstmontag zu streichen, sind ein Klacks gegen das, was der fränkische Bischof Adam Friedrich von Seinsheim 1770 mit Erlaubnis des Papstes Clemens XIV. durchsetzte: 17 kirchliche Feiertage auf einen Schlag zu streichen. Das Volk lasse bei kirchlichen Festen keine rechte Frömmigkeit mehr erkennen und die Schuljugend verwildere moralisch an solchen Tagen, argumentierte der Stiftsherr von Würzburg und Bamberg. Dass er auch auf höhere Steuereinnahmen scharf war, sagte er nicht.

»Das FINANZAMT ist das überflüssigste Bauwerk in der Stadt«

Nicht das »Amt für moderne Christenverfolgung« ist das überflüssigste Bauwerk einer Stadt, meinte der US-Satiriker Mark Twain (1835–1910), sondern die Friedhofsmauer: »Die da drinnen können nicht raus und die da draußen wollen nicht rein.« Twain wörtlich: »So who the hell needs this wall?«

»Ein FISCHAUFKLEBER am Auto bedeutet: Wir sind fromm«

Kein Irrtum. Allerdings steht der stilisierte Fisch für das griechische Wort »Ichthys« und wurde zu Zeiten römischer Christenverfolgung als Geheimzeichen verwendet, dessen Anfangsbuchstaben bereits ein ganzes Glaubensbekenntnis waren: »Iesous Christous Theou Yios Soter« bedeutete »Jesus Christus, Gottes Sohn und Erlöser«. Klebt der fromme Fisch am Kühlergrill, soll er an der holländischen Grenze signalisieren »Drogenrazzia sinnlos«, und an schweizerischen Grenzübergängen sagt er: »kaum Bargeld, keine Kapitalflucht«.

Keinen Fisch am Heck hatte offenbar jener Porschefahrer, der bei Tempo 180 im linken Außenspiegel einen Pfarrer auf einem Fahrrad erblickte.

Er gab Vollgas, aber der Rennradler ließ sich nicht abschütteln. »Na, Gottes Kraft in Ihren Beinen?«, brüllte der Porschefahrer aus dem geöffneten Fenster: »Nee – mein Talar in Ihrer Tür!«

»Friedensnobelpreisträger sind die Heiligen der Politik«

Friedensnobelpreisträger sind Menschen aller Berufssparten, Religionen und Weltanschauungen, die »im verflossenen Jahr der Menschheit den größten Nutzen geleistet haben«, wie der schwedische Dynamit-Erfinder Alfred Nobel (1833–1896) in seinem Testament definierte. Er war Sprengstoff-Fabrikant, aber Pazifist; gehörte keiner Kirche an, propagierte aber christliche Nächstenliebe; bezeichnete sich als Sozialist, hinterließ aber ein Vermögen von 31 Millionen Kronen. Aus deren Zinsen sollten alljährlich Preise in den Kategorien Frieden, Physik, Chemie, Medizin und Literatur (seit 1968 auch Wirtschaftswissenschaften) durch die schwedische Akademie der Wissenschaften verliehen und aus der Hand des Königs überreicht werden. Der Friedensnobelpreis entwickelte sich dabei zur populärsten und wichtigsten Auszeichnung.

Nicht im katholischen Sinn »Heilige«, aber sicher verehrungswürdige Christen unter den Friedensnobelpreisträgern waren z. B. der evangelische Erzbischof Nathan Söderblom 1930, der elsässische Tropenarzt und Theologe Albert Schweitzer 1952, der amerikanische Theologe John Mott 1946, der baptistische Bürgerrechtler Martin Luther King 1964, die albanische katholische Ordensschwester Mutter Teresa 1979, der anglikanische südafrikanische Bischof Desmond Tutu 1984, die guatemaltekische Frauenrechtlerin

Rigoberta Menchú 1992, der katholische Salesianerpater Carlos Filipe Belo aus Ost-Timor 1996 und der baptistische Ex-US-Präsident Jimmy Carter 2002.

»An FRONLEICHNAM *wird symbolisch der Leichnam Christi herumgetragen*«

»Frohe Weihnachten, frohe Ostern, frohen Leichnam« – der in katholischen Bundesländern arbeitsfreie Donnerstag im Mai hat nichts mit Frohsinn oder einer Leiche zu tun, sondern erinnert an die freiwillige Hingabe (»Fron«) des Leibes (niederländisch »licham«) Christi. An sein stellvertretendes Sterben für die Sünden der Menschen, an sein Opfer am Kreuz. Verdeutlicht in der Hostie, die der Priester an diesem Feiertag ausnahmsweise außerhalb der Kirche als »Monstranz« de-monst-riert.

In Lüttich war's, in Belgien, da blinzelte Augustinernonne Juliana (1193–1258) in den umwölkten Vollmond und dachte: »Sieht aus, als wäre eine Ecke rausgebrochen.« Sie verstand diesen Gedanken als göttliche Mahnung, es fehle noch etwas im kirchlichen Feiertagskalender. »Die Eucharistie, die Einsetzung von Brot und Wein in der Heiligen Messe als Zeichen der Hingabe Gottes an den Menschen, wird zwar jeden Sonntag in der Kirche, aber nie an einem Werktag auf der Straße gefeiert«, bemerkte Juliana und schlug ihren Kirchenoberen einen »Tag der Zugehörigkeit zum Leib Christi« vor. Die reagierten im Sinn einer Behörde prompt und sofort: Zehn Jahre später und lange nach Julianas Tod trugen Priester in Köln 1264 erstmalig die Hostie in einer »Prozession« durch die Stadt. (Was mancher als Ur-Datum der Karnevalsumzüge verstehen will …)

Weitere einhundert Jahre später, 1366 in Prag, war diese »Fronleichnamsprozession« zu einem wüsten Besäufnis mit mehrtägigem Volksfest degeneriert, weshalb weitere hundertfünfzig Jahre später Reformator Martin Luther 1517 das »Abendmahl auf der Straße« und den dafür reservierten Feiertag rundweg abschaffte. Die Felder mit Weihwasser zu besprenkeln kam (und kommt) manchen Nichtkatholiken ohnehin wie ein Rest heidnischen Fruchtbarkeitszaubers vor. Knapp vierhundertfünfzig Jahre lang provozierten evangelische Bauern und Hausfrauen ihre katholischen Nachbarn damit, dass sie just an Fronleichnam und entlang der Prozessionsstrecke Mist ausfuhren oder Wäsche aufhingen. Erst 1949 (!) wurde der Fronleichnamstag als gesetzlicher Feiertag in der Bundesrepublik wieder eingeführt. Von einem katholischen Kölner, Konrad Adenauer. Fast siebenhundert Jahre nach Julianas Vollmondnacht ...

»FUNDAMENTALISTEN *sind fanatische Muslime*«

Als »Fundamentalisten« bezeichneten sich als erste eine Gruppe evangelikaler Christen in den USA, die in den Jahren 1910 bis 1915 die theologische Schriftenreihe »The Fundamentals. A Testimony to the Truth« abonniert hatten. Und die nach dem I. Weltkrieg dann die »World's Christian Fundamentals Association« gründeten, eine »Weltorganisation christlicher Fundamentalisten«. Gemeint war: Gegen eine historisch-kritische Auslegung von Bibeltexten, gegen die Evolutionstheorie, gegen psychologische Erkenntnisse, gegen Liberalismus und Modernismus in Staat und Kirche wollte man an mindestens fünf »Fundamenten« festhalten: 1. Die wortwörtliche Inspiration der ganzen Bibel und ihre widerspruchsfreie Irrtumslosigkeit; 2. die Jungfrauengeburt Marias; 3. das stellvertretende Sühneopfer Jesu am Kreuz; 4. die leibliche Auferstehung Jesu und 5. seine unmittelbar bevorstehende Wiederkunft.

Von der stolzen Selbstbezeichnung zum allgemeinen Schimpfwort wurde der »Fundamentalist« seit dem verlorenen »Affenprozess« von Dayton/Tennessee 1925, als US-Evangelikale per Gerichtsbeschluss festschreiben lassen wollten, dass der Mensch nicht von Primaten abstamme und die Welt in sechs Tagen entstanden sei. Auf islamische Konservative angewendet wurde der Begriff wohl erst seit der iranischen Revolution des Ayatollah Chomeini 1979 und dem Kampf der – von den USA mit Geld und Waffen ausgerüsteten – Mudschahedin gegen die Sowjetarmee in Afghanistan bis 1989. Viel häufiger jedoch waren »Fundis« im deutschen Sprachgebrauch weder Protestanten noch Muslime: Nach dem Einzug der Partei der »Grünen« in den Bundestag 1983 unterschied man in den Medien zwischen prinzipienradikalen »Fundamental«- und situationsangepassten »Realpolitik«-Grünen.

Heute kann im Prinzip jeder unter »Fundi«-Verdacht geraten, der an einer Überzeugung festhält oder etwas konsequent durchzieht. Was einst in der Musik und in der Malerei »Puristen« waren, sind heute »Fundis«, und sogar absolut religions- und gewaltfreie Gruppierungen finden sich gelegentlich als »Fundi-Tierschützer«, »Fundi-Vegetarier« oder »Fundi-FKK'ler« in der Lokalpresse wieder.

»Fussball *ist Sport und Unterhaltung, aber keine Religion*«

So spricht die Stimme der Vernunft. Doch schauen wir genauer hin: »You'll never walk alone when you walk through the storm ...«, grölen die Fans vom FC Liverpool in ihrer Vereinshymne. Übernommen hat diese der FC St. Pauli. Das Trostwort stammt fast wörtlich aus dem biblischen Buch Jesaja, Kapitel 43.

»Leuchte auf, mein Stern Borussia, leuchte auf, zeig mir den Weg« – die Hymne von Borussia Dortmund aus der Feder von Ex-Stadionsprecher Bruno Kust klingt nicht zufällig so fromm. Es ist die Melodie des altenglischen Kirchenliedes »Amazing Grace«, erstaunliche Gnade Gottes.

Die »Kutte« der Fans und die Messgewänder der Kleriker, der Vereinsschal auf der Tribüne und die Stola am Altar, der hochgereckte Sieges-»Cup« in den Händen des Mannschaftskapitäns und der erhobene Kelch in den Händen des Priesters, der Wechselgesang zwischen Einheizer und Fankurve im Stadion und die Liturgie zwischen Vorbeter und respondierender Gemeinde im Gottesdienst – man müsste blind sein, um die Parallelen zu übersehen. Fanclub-Fahrten zu Auswärtsspielen unterscheiden sich nur im Alkoholpegel von mancher Pilgerfahrt: Singend und hoffend fährt man hin, »gesegnet« und beseligt kehrt man heim. Engagiert diskutierte Heiligsprechungen und Momente inbrünstiger Verehrung inklusive. Ganz zu schweigen vom lukrativen Geschäft mit den Devotionalien: Der »Papa Benedetto«-Aschenbecher aus Rom ist nicht pietätvoller als der schwarzgelbe BVB-Schnuller für Babys aus Dortmund.

Für Millionen Menschen ist das liturgische Kirchenjahr vom fußballkalendarischen Jahreskreis abgelöst worden: Statt

Fastenzeit, Karfreitag, Ostern, Himmelfahrt und Fronleichnam, Pfingsten, Buß- und Bettag, Reformationsfest, Allerheiligen, Allerseelen, Advent, Weihnachten und Dreikönig strukturiert sich das Jahr des normalen fußballinteressierten Fernsehzuschauers nach den 34 Spieltagen der Bundesliga, den UEFA-Cup-Spielen, den DFB-Pokal-Terminen und der Championsleague.

»Fastenzeit«, das ist die spielfreie Sommerpause. Findet die Fußball-WM in Deutschland statt, dann »ist das wie Weihnachten und Ostern zusammen«.

Nur eins gibt's nicht in der Fußball-Religion: Beichte, Vergebung und Absolution. Nicht für den Millionenverdiener auf dem Rasen, der versagt, nicht für den Schiedsrichter, der sich irrt, und nicht für den Fan, der kein Geld mehr hat …

»Im FEGEFEUER werden die Seelen der Verstorbenen geläutert«

Die Vorstellung einer postmortalen Läuterung der Seele durch Feuer ist der Bibel fremd und findet sich weder im Alten noch im Neuen Testament. Der Apostel Paulus beurteilte die »Werke« der Christen in Korinth eher kritisch und sagte den von sich selbst sehr überzeugten Gemeindemitgliedern voraus: »Wenn jemand auf das Fundament Christi Gold, Silber, Edelsteine, Holz, Heu oder Stroh baut, so werden die Werke eines jeden offenbar werden. Der Tag des Gerichts wird zeigen, wie eines jeden Werk beschaffen war, denn es muss sich im Feuer bewähren. Wird jemandes Werk verbrennen, wird er Schaden leiden, er selbst aber wird gerettet werden wie durchs Feuer hindurch.« (1. Korintherbrief Kapitel 3, Verse 13 bis 15).

Ob Paulus mit »Werken« konkrete Taten, moralische Verhaltensweisen oder spirituelle Überzeugungen meinte und ob er beim »Feuer« an die jenseitige Hölle, eine apokalyptische Katastrophe oder schlicht an die nächste Christenverfolgung im römischen Reich dachte, ist umstritten. Kirchenvater Origines in Alexandrien entwickelte im 3. Jahrhundert aus diesen drei Versen des Paulus die Idee eines »Fegefeuers« im Jenseits als Zwischenstation auf dem Weg ins Paradies und veranschlagte »ein Jahr Fegefeuer pro Sündentag auf Erden«. Was im Laufe der Jahrhunderte wiederum zum »Ablass« führte, laut Weltkatechismus der katholischen Kirche § 1471 »der Erlass einer zeitlichen Strafe vor Gott für Sünden, die hinsichtlich der Schuld schon getilgt sind«. Der Ablass erlässt also nicht die Sünde selbst oder ihre »ewige Strafe« – das hat Christus am Kreuz getan –, sondern lediglich die »zeitlichen Strafen« – im Fegefeuer.

G

»Geiz *ist geil*«

Geiz ist tödlich. Der Werbeslogan einer Billigkette für Unterhaltungselektronik war psychologisch (und marktwirtschaftlich) so grottenfalsch, das man ihn entweder zum »Unwort des Jahres« küren oder auf den Index jugendgefährdender Schriften hätte setzen müssen. Geiz ist dumm und macht einsam. Im Judentum und in der hebräischen Bibel schlicht »Torheit« genannt, wird der Geiz (lutherdeutsch: »Habsucht«) im Neuen Testament als »Werk des Fleisches« gebrandmarkt und »wer so etwas tut, wird das Reich Gottes nicht erben« (Galaterbrief Kapitel 5, Vers 21). Gregor der Große, er lebte von 540 bis 604 n. Chr. und amtierte ab 590 n. Chr. als Papst, zählte den Geiz zu den so genannten »sieben Todsünden«, und der katholische Weltkatechismus von 1983 stimmt ihm immer noch zu: »Die Todsünde zerstört die Liebe und zieht, falls sie nicht bereut wird, den ewigen Tod nach sich« (§ 1874).

Warum ist Geiz tödlich? Der »Geizkragen« (der sich nichts gönnt und seinen immer dünner werdenden Hals hinter einem immer enger zugeknöpften Kragen verbergen muss, bis er schier erstickt) spart ja nicht nur am Geld (indem er keine Leute einlädt, niemandem was schenkt, sich auch nichts schenken lässt aus Angst vor Gegenleistungspflicht), er spart auch an der Zeit (indem er für andere nie welche »hat«) und er spart an der Ehre (sein »Ehrgeiz« gönnt anderen keinen Erfolg), kurz: Er geizt mit menschlicher Beziehung.

Er spart an Erlebnissen und Begegnungen, »hat« am Ende mehr in der Tasche, aber viel weniger im Herzen. Sein Lieblingswort »Schnäppchen« verharmlost den sportlichen Ehrgeiz, anderen etwas vor der Nase »wegzuschnappen«. Der Geizige empfindet hämische Schadenfreude und wertet es als persönlichen Sieg, wenn andere leer ausgehen, mehr bezahlen müssen, ärmer zurückbleiben.

Die Spirale in die soziale Isolation beginnt. Versteht man den Tod nicht nur als das Erlöschen physischer Funktionen, sondern auch als das ultimative Ende aller menschlichen Beziehungen, dann ist Geiz ein sozialer Suizid auf Raten.

»Ich bin doch nicht blöd« hieß ein weiterer Werbeslogan der letzten Jahre, aber genau das ist der Geizige im Extrem: Verkrampft ichbezogen und im Denken ständig von der Vorteilssuche absorbiert, kann er sich nicht für andere öffnen und muss allzu viel Nähe von (womöglich Kosten verursachenden) Menschen fürchten.

Geiz ist besonders ungeil, wenn der Geizige sexuell »geil« ist: Wer ständig Angst hat, zu viel »herzugeben« oder sich »hinzugeben«, wer sich nie verschenken und verströmen kann, weil er berechnen und verrechnen muss, ob sich sein Sexualpartner nach Gefühls-Investition und Lust-Rendite »lohnt« – der dürfte so ziemlich der schlimmste Lover sein, der je ein Bett wärmte. Die Schnäppchenjäger-Website »Egonet« rechnet vor, dass man in 40 Jahren 500 Euro sparen kann, wenn man einen Teebeutel pro Tag auf der Wäscheleine trocknet und wieder verwendet. Ein garantiert romantischer »Tea for Two« wird das!

»Gewissensbisse sind die Stimme Gottes«

Gewissensbisse sind ein Zeichen dafür, dass man sein von der Erziehung und der sozialen Umwelt geprägtes »Bewusstsein dessen, was sittlich gefordert war« verletzt hat. Dass man nicht mehr »im Einklang mit sich selbst und seinen eigentlichen Überzeugungen« ist: »Das Gute, das ich will, das tue ich nicht. Das Böse, das ich nicht will, das tue ich! O ich elender Mensch, wer wird mich erlösen?« ruft ein von Gewissensbissen geplagter Paulus aus, im Römerbrief Kapitel 7, Verse 19 und 24. Entgegen landläufigen Vorstellungen ist es nun nicht das Interesse Gottes, diese Zerrissenheit möglichst lange aufrecht zu erhalten, sondern – den Menschen zu »erlösen«. Ihn vom Zwang zu befreien, das ungewollte Böse zu tun und das gewollte Gute nicht zu schaffen. Weshalb in der Bibel häufiger vom »guten« als vom »schlechten« Gewissen die Rede ist, nie aber im Sinn einer Stimme Gottes: »Wohl dem, der sich nicht zu verurteilen braucht bei dem Tun, das er für recht hält«, lobt der Apostel Paulus die Menschen mit »gutem Gewissen« im Römerbrief Kapitel 14, Vers 22. Und der rechtschaffene Hiob war so sehr »mit sich im Reinen«, dass er seinen anklagenden Freunden entgegenhielt: »Mein Gewissen beißt mich nicht wegen eines einzigen meiner Tage« (Buch Hiob Kapitel 27, Vers 6). Eine objektive oder gar absolute, womöglich »göttliche«, Gerichtsinstanz ist das Gewissen keineswegs: Mittelalterliche Hexenjäger, nationalsozialistische KZ-Schergen und amerikanische CIA-Folterer führten ihre Greueltaten »guten Gewissens« aus. Weil Menschen in ihrem »inneren Gerichtshof« Richter und Angeklagter in einer Person sind und »beide nur gewinnen, wenn der Richter den Freispruch verkündet«, wie schon Immanuel Kant kritisierte. Eben wegen dieser Verführbarkeit und Manipulierbarkeit des Gewissens nennt die Bibel es nicht »Stimme Gottes«, sondern schlicht »syneidedis«, den »Blick für den Zusammenhang«. Im besten Fall signalisiert es mir, was mein Tun im Gesamtzusammenhang bedeutet, welche Konsequenzen es haben wird. Im schlechtesten Fall legitimiert es mir jede Abscheulichkeit, weil sie im Gesamtzusammenhang »notwendig« sei.

Deshalb berief sich Martin Luther am 17. und 18 April 1521 vor Kaiser Karl V. und dem Reichstag zu Worms nicht einfach nur auf sein »Gewissen« als höchster Instanz (»Hier stehe ich, ich kann nicht anders«), sondern auf sein »Gewissen, das in Gottes Wort gefangen ist«.

»GLAUBEN« *heißt nicht wissen*

Glauben im religiösen Sinn (»ich glaube an Gott«) heißt »sich anvertrauen« und hat im Deutschen die gleiche Wortwurzel wie »geloben« und »sich verloben«. Weil ich angesprochen oder »gerufen« wurde, weil ich eine existentielle Erfahrung machte oder einem emotionalen Impuls nachgab, spreche ich meinem Gegenüber das Vertrauen aus und lebe fortan in einer beiderseitig verlässlichen Beziehung zu ihm.

Glauben im umgangssprachlichen Sinn (»Ich glaube, morgen regnet's«) heißt »vermuten«.

»GOTT« *kann man nicht beweisen*

Doch, meinte Philosoph Aristoteles (384 bis 322 v. Chr), denn alles Bewegte sei ja nur denkbar als abhängig von einem unbewegten Beweger. Klar? Klar.

Für den Theologen Anselm von Canterbury (1033 bis 1109 n. Chr.) sprachen mindestens fünf »Wege« dafür, dass es Gott nicht nur als Begriff gedacht gibt, sondern dass er existiert: Das Bewegtsein der Dinge (der »kosmologische Gottesbeweis«), das Bewirktsein der Dinge (der »kausale Gottesbeweis«), das zufällige So- und Dasein der Dinge (der »kontingente Gottesbeweis«), das unvollkommen sich vervollkommende Sein (der »evolutionäre Stufenbeweis«) und das zielgerichtete Geordnetsein aller Dinge (der »teleologische Gottesbeweis«). Alles zusammen nennt man den »ontologischen Gottesbeweis«. Klar? Na klar!

Philosoph Immanuel Kant (1724 bis 1804 n. Chr.) fand das nun eher einen ornithologischen Gottesbeweis (»Anselm hat einen Vogel«) und wollte Gott über die Notwendigkeit ethischen Handelns beweisen, das wiederum eine übermenschliche ethische Instanz voraussetzt. Theologe Karl Barth (1886 bis 1968) fand das wiederum zum Piepen und knüpfte bei Anselm und Aristoteles insofern an, als er …

Ach so, Sie wollten wissen, ob man Gott mathematisch oder physikalisch beweisen könne im Sinn von »nachweisen«? Nö.

»GÖTTINGEN *kommt von göttlich her«*

Das hätten die Göttinger vielleicht gern. Kommt aber vom mittelhochdeutschen »gutingi«, die Gosse.

»Am GRÜNDONNERSTAG *schmilzt der Schnee vom Gras«*

Im Zuge der Klimaveränderung schon eher. Aber mit Frühlingstemperaturen hat der Name eh nichts zu tun. Warum der Donnerstag vor Karfreitag »Grün«-Donnerstag heißt, wird mit drei möglichen Varianten erklärt: »Grünen« war das verballhornte »greinen«. Weil am Tag vor der Kreuzigung Jesu sein Freund und Jünger Petrus ihn drei Mal verleugnete und anschließend, als der Hahn krähte, »bitterlich weinte« (Matthäus-Evangelium Kapitel 26, Vers 75), also über seine Lüge vom Donnerstag »grünte«.

Weil in der frühen Christenheit am Tag vor Karfreitag die mit Kirchenstrafen belegten Sünder freigesprochen und zurück in die Gemeinde aufgenommen wurden, also wieder »grün« waren, nannte man diesen Donnerstag »dies viridium«, Tag der Grünen.

Weil man in der letzten und wichtigsten Woche der Fastenzeit kein Fleisch, am Freitag aber Fisch essen durfte, war der Donnerstag die letzte »grüne« (Gemüse-) Mahlzeit vor Ostern.

H

»HALLELUJA *ist eine alte Grußformel unter Christen*«

Halleluja (hebräisch »der Herr sei gelobt«) ist ein hebräischer liturgischer Kehrvers, meist respondierend von der Gemeinde gesprochen oder gesungen beim Rezitieren der Psalmen in der Synagoge. Einige Psalmen (z. B. Psalm 117) wurden »das Hallel«, »der Lobgesang« genannt und auch privat, beispielsweise als Tischgebet, gesungen oder im Wechsel gelesen.

»Das Wort HANEBÜCHEN *kommt vom Hahn auf evangelischen Kirchtürmen«*

Hanebüchen ist das verstärkende Adjektiv für eine Unverschämtheit, eine dreiste Frechheit, eine Zumutung. Der Begriff kommt vom altdeutschen Hagebuchenholz her, das besonders hart und knorrig war, ungehobelt, kaum verletzungsfrei zu bearbeiten. Mit dem Hahn auf evangelischen

Kirchtürmen hat es nichts zu tun. Der wiederum erinnert daran, dass Petrus während des (Schau-) Prozesses gegen Jesus drei Mal leugnete, seinen Freund und Lehrer zu kennen (Matthäus-Evangelium Kapitel 26, Verse 69–75). Als er am Morgen »drei Mal den Hahn krähen hörte«, wurde ihm sein Verrat bewusst, und er »weinte bitterlich«. Über die eigene Feigheit und Lüge nämlich. Hanebüchen empfinden manche Leser die Hahne-Bücher eines konservativ evangelikalen ZDF-Moderators. Aber das ist ein andere Geschichte.

»Die Heiligen Drei Könige *liegen im Kölner Dom«*

Im Kölner Dom liegt der Rest jener Reliquien, die 1904 nicht an die Stadt Mailand zurückgegeben wurden. Von dort hatte sie Rainald von Dassel, Erzbischof von Köln und Kanzler des Kaisers Barbarossa, am 23. Juli 1164 nach Köln gebracht (die Italiener sagten damals »geraubt«). Die Mailänder Bischöfe Prostasius und Eustorgius hatten sie Ende des 4. Jahrhunderts von Byzanz hergeholt (die Byzantiner sagten damals »geraubt«). Und Kaiserin Helena von Konstantinopel hatte sie sich vor 343 n. Chr. aus der Stadt Palmyra besorgt (die Palmyrer sagten damals »geraubt«). Eine Urkunde besagte, die begehrten Knochen- und Textilreste seien von den Heiligen Drei Königen Caspar, Melchior und Balthasar. Aber da gibt es zwei Probleme: 1. Die Urkunde ist von Rainald von Dassel. Und 2.: Im Matthäus-Evangelium Kapitel 2, Verse 1–12 steht nichts von Königen. Nichts von Heiligen. Nicht, dass es drei waren. Nicht wie sie hießen. Sondern: Namenlose und ungezählte »Magier aus dem Osten« fragten bei König Herodes vergeblich nach einem neugeborenen König, brachten der Maria und dem Josef Gold, Weihrauch und Myrrhe mit, »beteten das Kind an« und zogen wieder heim. Wo immer dieses Heim war.

Macht nichts: Kirchenvater Tertullian im 4. Jahrhundert bezog die wertvollen Geschenke auf alttestamentliche Messias-Verheißungen aus Jesaja Kapitel 60, Vers 3 und Psalm 72, 10 (»Die Könige von Tarsis, Saba und Sheba bringen Geschenke«) – da waren's schon mal »drei Könige«. Griechische Mönche im 8. Jahrhundert wussten irgendwann ihre Namen und dass sie ein Jüngling, ein Mann und ein Greis gewesen seien. Und ausgerechnet zur Zeit der Kreuzzüge im 12. Jahrhundert setzte sich die Überzeugung durch, Caspar sei ein Maure (ein »Mohr«) gewesen. Womit man die Repräsentanten der drei damals bekannten Erdteile Europa, Asien und Afrika an der Krippe versammelt hatte. »Heilig gesprochen« im katholisch-kirchenrechtlichen Sinn wurden die drei mehr oder weniger legendären Sterndeuter nie. Als »Dreigestirn« im Kölner Stadtwappen und als jahrhundertelanges Pilgerziel zum finanziellen Wohl der Stadt – zuletzt beim päpstlichen »Weltjugendtag« im August 2005 – taugen ihre (oder jemandes anderen) irdischen Überreste allemal.

»Heilige *müssen lange tot sein, bevor sie heilig gesprochen werden*«

»Heilige« sind nach biblischer Definition alle, die sich durch die Taufe dem dreieinigen Gott und seiner Gemeinde »zugehörig« gemacht haben (griechisch »hagios«, ursprünglich ein besitzanzeigendes Adjektiv). Paulus adressiert seine Briefe in den 40er Jahren des 1. Jahrhunderts an durchaus quicklebendige »Heilige« (Römerbrief Kapitel 1, Vers 7).

»Heilig« nach katholischer Tradition sind aber nur jene, die von den Gläubigen als besonders vorbildlich verehrt werden (weil sie beispielsweise als Märtyrer starben oder Wunder vollbrachten) und die man deshalb um Fürbitte bei Gott im Himmel bittet. Diese Verehrung kann eigeninitiativ in den Gemeinden noch zu Lebzeiten des oder der Verehrten beginnen, aber frühestens fünf Jahre nach seinem/ihrem Tod von einem (im 10. Jahrhundert festgelegten) kirchenjuristischen Verfahren geprüft werden. Dazu setzt der Vatikan Befürworter und Skeptiker ein, die alle vorhandenen Zeugnisse und Dokumente durchsehen. Fällt diese Prüfung positiv aus (was nicht selbstverständlich ist: Papst Innozenz XI. z. B. fiel 1714, 1744 und 1946 durch und wurde erst 1959 anerkannt; die Seherin, Ärztin und Komponistin Hildegard von Bingen, 1098–1179, wurde nach viermaliger Prüfung nie offiziell heilig gesprochen), kann das zunächst zur »Selig-« und dann zur »Heiligsprechung« des Betreffenden durch den Papst führen.

In seiner 26-jährigen Amtszeit sprach Papst Johannes Paul II. nicht weniger als 1.338 Katholiken »selig« und 482 »heilig«. Also mehr als alle Päpste in knapp 2.000 Jahren zusammen! 1.000 Jahre lang galt die erwähnte »Schamfrist«, nicht früher als fünf Jahre nach dem Tod eines Probanden mit dem Verfahren zu beginnen. Doch als am 8. April 2005, bei der Beerdigung Papst Johannes Paul II., die trauernden Massen auf dem Petersplatz »Subito Santo« skandierten (»sofort heilig!«), da setzte wenige Wochen später ausgerechnet der bisherige Hüter aller Traditionen, der Glaubenskongregationsvorsitzende Josef Kardinal Ratzinger und neue Papst Benedikt XVI., dieses Gesetz kurzerhand außer Kraft. Was tut man nicht alles für langjährige Freunde …

»Priester machen frommen HOKUSPOKUS«

Priester zitierten in der lateinischen Messe einen Satz des Jesus von Nazareth aus dessen letztem Abendmahl mit seinen Jüngern (Matthäus-Evangelium Kapitel 26, Vers 26) – »Hoc est (enim) corpus meum«, »dies ist mein Leib« – wenn das Klingelzeichen der Altarglocke die Wandlung der Hostie zum Leib Christi signalisierte. Diese geheimnisvolle »Verwandlung«, das Läuten und der ritualisierte Spruch kamen Latein- und Bibel-Unkundigen bisweilen wie Zauberei vor, so dass sie es zu »Hokuspokus« verballhornten. Seit das II. Vatikanische Konzil (1962 bis 1965) die Messe in den jeweiligen Landessprachen zuließ, ist der Hokuspokus aufgeklärt. Zumindest sprachlich.

»HOLOCAUST ist das englische Wort für Judenvernichtung«

»Holokautoma« ist das griechische Wort für »Brandopfer«. Bei einem solchen wurde ein Tier ganz, komplett, verbrannt. Und es blieben nicht, wie sonst üblich, einzelne Teile für ein Opfermahl reserviert (»Schlachtopfer«). Literarisch als Sprachbild auf die Morde der Reichspogromnacht vom 9. November 1938 bezogen, hat es der evangelische Schriftsteller Albrecht Goes 1953 in seiner erschütternden Erzählung »Das Brandopfer«.

Weil »holokautoma« in der englischen Bibel als Lehnwort »Holocaust« übernommen wurde, nannten britische und amerikanische Filmproduzenten 1978 ihr Fernseh-Epos über die Vernichtung von 6 Millionen Juden durch die Nazis »Holocaust. Die Geschichte der Familie Weiß«.

Seither hat sich das Wort, sogar in der Geschichtswissenschaft, als Synonym für »vorsätzliche und vollständige Vernichtung« eingebürgert, obwohl jüdische Menschen selbst eher von der »Shoa« sprechen, dem Untergang, der Katastrophe. Denn: Ein »Opfer« war das beispiellose Massenmorden nicht und für niemanden.

»Die Hostie *bei den Katholiken ist dasselbe wie das Weißbrot bei den Protestanten*«

Keineswegs. Die meist dünne kreisrunde Scheibe aus ungesäuertem Brot (vom lateinischen »hostia«, Opfer) in der Feier der Heiligen Eucharistie ist nach katholischem Verständnis der »transsubstantiell« gewandelte Leib Christi, (wie es seit 832 n. Chr. gelehrt wird), in dem auch das Blut des Erlösers »gegenwärtig« ist (wie das Konzil von Konstanz 1414 bis 1418 befand), weshalb die Gemeinde keinen Kelch zu trinken bekommt.

In evangelischen Abendmahlsfeiern wird wahlweise auch eine solche kreisrunde Scheiben-»Oblate« verwendet oder – wie in Freikirchen üblich – von Hand im Gottesdienst »gebrochenes« Weißbrot. Bei Protestanten »ist« die Hostie nicht in einem substantiellen, sondern in einem symbolischen Sinn Leib Christi und impliziert auch nicht die gleichzeitige Einnahme des Kelches. Weshalb die Gemeinde Brot *und* Wein gereicht bekommt.

Geweihte, aber unverbrauchte Hostien werden in katholischen Kirchen im Tabernakel eingeschlossen. Überschüssiges Rest-Brot kann im evangelischen Pfarrhaushalt im Prinzip auch auf den Frühstückstisch.

»Hufeisen am Auto bringen Glück«

Jeder Verkehrspolizist könnte das widerlegen, wenn er Unfallautos mit Hufeisen gesondert protokollieren würde. Das Schutz-»Maskottchen« abergläubischer Autofahrer stammt aus den 20er Jahren des 20. Jahrhunderts, als sowohl Pferdekutschen wie auch »Motorkutschen« die Städte verunsicherten und man der neuen Erfindung von Gottlieb Daimler und Wilhelm Maybach noch nicht so recht traute. Von solcher Fetisch-Gläubigkeit – oder sagen wir es freundlicher: von einem magischen Gottesbild – sind bisweilen auch fromme Katholiken beseelt: Der Sarg Papst Johannes Paul II. in der Krypta des Petersdoms darf besichtigt, aber nicht berührt werden. Immer wieder werden die Wachhabenden von einzelnen Pilgern gebeten, doch mal eben ihren Autoschlüssel oder ihren Führerschein auf den Sarkophag zu legen ...

Kein Hufeisen-Ersatz und kein Schutz gegen Unfall hingegen ist das vatikanische Autokennzeichen SCV (»Stato Citta del Vaticano«). Die Römer nennen es »Se Cristo vedesse« – wenn das Christus sehen würde!

I

»INKARNATION ist dasselbe wie Re-Inkarnation: Wiedergeburt«

Nee. »Am Anfang war das Wort. Und das Wort war bei Gott und Gott war das Wort. Das Wort wurde Fleisch und wohnte unter uns und wir sahen seine Herrlichkeit, eine Herrlichkeit als des eingeborenen Sohnes vom Vater, voller Gnade und Wahrheit« – so philosophisch-pathetisch erzählt das Johannes-Evangelium im ersten Kapitel die »Menschwerdung Gottes« in Jesus von Nazareth, wörtlich die »Fleischwerdung« Gottes als menschliche Gestalt in Raum und Zeit, theologisch die »Inkarnation« Gottes. Einmalig und universal, unwiederholt und unwiederholbar. Mithin der ursprünglichste Grund, warum wir Weihnachten feiern. Glaubt einer daran, d.h. vertraut ein Mensch darauf, dass der unsichtbare, jenseitige Gott in diesem einen Jesus von Nazareth sichtbar und »menschlich« wurde, ihn also als »Gesandten«, als »Messias« auserwählte – dann ist das wie die Geburt einer neuen, spirituellen Identität in ihm. So wie er als physischer Mensch aus Same und Ei gezeugt wurde, wird er als spiritueller Mensch aus dem Geist Gottes und dem Wasser der Taufe »geboren«.

Mit »Re-Inkarnation« meinen Buddhisten, einzelne Hindu-Gruppen und manche Esoteriker die »Rück- bzw. Wiederkehr« eines verstorbenen Menschen in eine andere irdisch-materiale Lebensform. Unendlich oft wiederholbar. Eine »Rückkehr in neuer Form«, eine tatsächliche »Wieder-

(und immer wieder-) Geburt« als Mensch, Tier oder Pflanze.

Trotz sprachlicher Ähnlichkeit hat das eine mit dem anderen nichts zu tun.

»I.N.R.I., *das Namensschild am Kreuz, hieß zynisch: Ruhe in Frieden*«

»Ruhe in Frieden« heißt lateinisch »Requiescat in pace« und wird auf Grabsteinen abgekürzt mit »R.I.P.«. Es stammt aus Psalm 4, 9: »Ich liege und schlafe ganz in Frieden, denn Du, Herr, hilfst mir, dass ich sicher wohne.«
I.N.R.I. – bekannt aus Mel Gibsons Splattermovie »Die Passion Christi« oder von Altarbildern der Kreuzigung – war das Kürzel für »Iesus Nazarenus Rex Iudaeorum« und bedeutete »Jesus von Nazareth, König der Juden«.

»*Die* INQUISITION *war Terror mit kirchlichem Segen*«

Die Inquisition (wörtlich »Untersuchung«, »Befragung«) wurde von Papst Innozenz III. Anfang des 13. Jahrhunderts als päpstliche Behörde eingesetzt, um eine gewohnheitsmäßig üblich gewordene Lynchjustiz des Volkes in juristisch geordnete Bahnen zu lenken. Wo bisher auf bloße Gerüchte und Verleumdungen hin vermeintliche »Ketzer« vom Straßenmob geviertelt, gerädert oder verbrannt worden waren, sollten nun besonnene »Hüter des Glaubens« und gebildete Rechtsgelehrte, Kirchenjuristen und Verwaltungsbeamte ein festgelegtes Untersuchungsverfahren durchführen. Dass auch diese Herrschaften weder der modernen »Unschuldsvermutung bis zur bewiesenen Schuld«, weder einer demokratisch staatsunabhängigen Justiz oder gar einem humanen Strafvollzug verpflichtet waren und die Angeklagten ganz im Sinn ihrer Zeit und Kultur »befragten«, brachte den »Befragten« in der Regel lebenslanges Siechtum, posttraumatischen Wahnsinn oder einen qualvollen Tod ein. Das muss, darf und kann nicht verschwiegen werden. Die »Blutspur des Christentums«, wie Karl-Heinz Deschner polemisch titelte, zieht sich 450 Jahre bis zur letzten Hexenverbrennung in Kempten/Allgäu 1775 hin. Aber: Der französische Inquisitor Jacques Fournier, der spätere Papst Benedikt XII., zum Beispiel »ließ seine Gefangenen nicht foltern, um Geständnisse zu erpressen, sondern verstand es, im Gespräch vor Gericht hinter die Geheimnisse der Vorgeladenen zu kommen«, schreibt LeRoy Ladurie in seinem Klassiker »Montaillou«. Das unterschied den Inquisitor von »modernen« US-Befragern in Guantanamo, Abu Ghraib und anderswo.

J

»JESSE JAMES *war ein gottloser Bankräuber im Wilden Westen*«

Jesse Woodson James (1847 bis 1882) war ein frommer Bankräuber im Wilden Westen. Nachdem Archäologen den Pastorensohn und Revolverhelden 1995 exhumiert und identifiziert hatten, wurde er posthum wieder in jene Baptistengemeinde von Kearny/Missouri aufgenommen, aus der man ihn 1866 exkommuniziert hatte. Die Gründe: Das Ausschluss-Verfahren sei damals formal fehlerhaft verlaufen. Seine Bande habe immer maskiert die Eisenbahnzüge überfallen, weshalb eine persönliche Mittäterschaft nicht zweifelsfrei nachgewiesen und Nachahmer-Täter nicht ausgeschlossen werden könnten. Außerdem habe er einen großen Teil seiner Beute den Armen gegeben (US-Präsident Harry S. Truman erklärte ihn 1949 zu einem Robin Hood Amerikas) und sich 1881 als Ehemann und Familienvater unter dem Namen Thomas Howard in St Joseph/Missouri niedergelassen. Dort wurde er am 3. April 1882 von einem ehemaligen Mitglied seiner Bande erschossen, der ein hohes Kopfgeld dafür kassierte. Am 28. Oktober 1995 kam Jesse James in den Genuss einer zweiten, diesmal kirchlichen, Beisetzung.

»JESUS war der erste Christ«

Jesus war Jude. Das Neue Testament beginnt mit seiner Familien-Genealogie (Matthäus-Evangelium Kapitel 1, Verse 1 bis 17), erzählt von seiner Beschneidung im Tempel (Lukas-Evangelium Kapitel 2, Vers 21), seiner religiösen Erziehung bei jüdischen Festen (Lukas-Evangelium Kapitel 2, Verse 41ff) und seiner erstklassigen Kenntnis jüdischen Glaubens und Denkens in den Streitgesprächen mit Religionsgelehrten (Matthäus-Evangelium Kapitel 15 und Kapitel 16). Der Erste, der ihn als »Christus«, also Gottes gesandten Retter und Erlöser, erkennt und bekennt, ist Petrus (Markus-Evangelium Kapitel 8, Verse 27 bis 29). Die breite jüdische Öffentlichkeit lernt diese neue »christusgläubige« jüdische Gruppe zum ersten Mal kennen, als Petrus am ersten Pfingstfest predigt (Apostelgeschichte Kapitel 2, Verse 1 bis 41) und »etwa 3.000 Seelen hinzugetan wurden«, also ebenfalls an Jesus als Messias glaubten. Einer der ersten Nichtjuden, der an Jesus als Messias glaubt, ist der römische Hauptmann Kornelius in der Garnisonsstadt Caesarea (Apostelgeschichte Kapitel 10). Der Erste, der solches »Christ werden« von der Übernahme jüdischer Riten und Gebräuche abkoppelt und die theologischen Grundlagen des Christentums für alle Menschen aller Kulturen definiert, ist Paulus (Apostelgeschichte Kapitel 11, Verse 11 bis 19; Kapitel 15, Verse 5 bis 21; Römerbrief Kapitel 3).

Die Ersten, die von Römern und Griechen »Christen« oder »Christianer« genannt werden, sind die Flüchtlinge aus Jerusalem in der Stadt Antiochien (Apostelgeschichte Kapitel 11, Verse 19 bis 26).

»JESUS war ein Einzelkind«

Im Matthäus-Evangelium Kapitel 13, Verse 55 und 56, werden vier leibliche Brüder Jesu namentlich genannt: Jakob, Josef junior, Judas und Simon.

Außerdem, nicht namentlich erwähnt, »seine Schwestern«. Plural. Also mindestens zwei. Wenn Jesus vier Brüder und wenigstens zwei Schwestern hatte, muss Maria sieben oder mehr Kinder geboren und großgezogen haben.

Weil ein Bischofskonzil im Jahre 367 n. Chr. das Dogma von der »lebenslangen Jungfrauschaft der heiligen Maria« festlegte – was unterstellt, dass sie mit ihrem Mann ab der Geburt Jesu eine sexfreie Ehe mit Josef führte –, heißen diese leiblichen Geschwister Jesu in katholischen Bibelübersetzungen »Vettern und Cousinen«.

»JESUS *hatte was mit Maria Magdalena*«

Nach Meinung von Bestseller-Autor Dan Brown (»Das Sakrileg«) sogar ein Kind. Weshalb katholische Nonnen in den USA durch Sitzblockaden am Drehort die Hollywood-Verfilmung des Thrillers verhindern wollten. Dan Browns Schreibvoraussetzung ist im Thriller-Genre nicht neu (Jörg Kastner: »Der Engelspapst«, Scherz-Verlag/S.Fischer), im Kino relativ alt (Martin Scorcese: Die letzte Versuchung Christi«) und in der Kirchengeschichte uralt: Seit dem 6. Jahrhundert hat man mehrere Szenen des Neuen Testaments zu einem »Phantombild« einer attraktiven und sexuell aktiven Verführerin zusammengezeichnet:

In Matthäus 26, Verse 6 bis 13, gießt eine namentlich nicht genannte »Frau« eine »Alabasterflasche voll kostbarer Salbe über Jesu Haupt«. Und die Jünger sind über so viel Verschwendung empört.

In Markus 14, Verse 3 bis 9, beziffern einige der empörten Jünger den Wert der vergossenen Kosmetik auf »300 Denare«. Was nach Auskunft der Historiker das Jahresgehalt eines Arbeiters gewesen sein dürfte. Im bäuerlich-handwerklichen Wirtschaftssystem ihrer Zeit konnte eine Frau dermaßen viel Geld seriöserweise nur durch Vererbung verdient haben. Oder durch ... na? ... Aha. So eine war das also.

In Johannes 12, Verse 1 bis 8, gießt »Maria«, die Schwester des Lazarus und der Martha aus Bethanien, das teure Salböl »auf Jesu Füße und trocknete sie mit ihren Haaren«.

Eine zugegeben hingebungsvolle, erotisierende Geste. Anstößig in einer strengen Männergesellschaft.

In Lukas 8, Vers 2, wird eine »Maria aus Magdala« vorgestellt, »aus der sieben Dämonen ausgefahren waren«. Gerade die aber bleibt mit der Mutter zweier Jünger unter dem Kreuz stehen, nachdem die meisten männlichen Jünger bereits panisch geflohen sind (Matthäus 27, Vers 55) und gerade ihr erscheint Jesus am Morgen seiner Auferstehung »zuerst« (Markus 16, Vers 9).

Was wurde draus? Eine aus verständlichen Gründen dankbare (Dämonenbefreiung!), und Jesus geradezu schamlos öffentlich liebende (Frisur lösen und ihn mit ihren Haaren trocknen!) Ex-Prostituierte (300 Denare!) bleibt bis zum Tode treu bei ihm (Kreuzigung!) und erfährt zur Belohnung die Sensation seiner Auferstehung als erste (nahestehendste) Person!

Der Haken an der schönen Theorie: Die namenlose Reiche ist nicht Maria Magdalena. Die Schwester Lazarus' und Marthas, Maria aus Bethanien, auch nicht. Treu unter dem Kreuz blieben »viele Frauen, darunter auch die Mutter des Johannes und Jakobus« (Matthäus-Evangelium im Kapitel 27, Vers 56). Und: Die Eltern Jesu, Josef und Maria, (das »traute, hochheilige Paar« aus Nazareth) waren nach den Konventionen ihrer Zeit geradezu verpflichtet, eine Heiratskandidatin für ihren Sohn auszusuchen, als er so um die zwanzig Jahre alt war. Das hatte offensichtlich nicht geklappt. Und/oder Jesus hatte es offensichtlich auch nicht gewollt ...

»Alle Jubeljahre ein Mal – also fast nie«

Das »Jubel«-Jahr hat nichts mit jubeln zu tun, sondern mit dem »Jobel«, dem hebräischen »Widderhorn«. Im Kapitel 25 des 3. Buches Mose werden seitenlang soziale und wirtschaftliche Rechte und Pflichten für Grundbesitzer und Bauern festgelegt: Nach sechs Jahren Saat und Ernte muss der Acker ein Jahr lang brachliegen. Alle 7 mal 7 Jahre werden die Schulden, Zins-, Pacht- und Erbansprüche, mit denen ein Grundbesitz belastet ist, komplett annulliert.

Dieses 50. »Jahr des Schuldenerlasses« wurde am »zehnten Tag des siebten Monats« mit Signaltönen aus dem Widderhorn landesweit verkündet.

»Jahr des Heils«, »Halljahr« oder »Gnadenjahr« sind gleichbedeutende Bezeichnungen. Papst Bonifatius VIII. wollte im 13. Jahrhundert diese – sozialpolitisch sicher interessante – Sitte auch auf das christliche Mitteleuropa anwenden und schlug alle 100 Jahre ein »Jobeljahr« vor – konnte sich aber weder bei den Großgrundbesitzern noch bei den leibeigenen Bauern damit durchsetzen.

K

*»Brudermörder Kain wurde mit einem ›***Kainsmal***‹ auf der Stirn gebrandmarkt«*

Kain wurde durch ein Zeichen Gottes geschützt. Dass es eine Brandmarkung auf der Stirn gewesen sei, wird nirgends gesagt. »Und Kain sprach zu dem Herrn: Meine Strafe ist größer, als ich sie ertragen kann. Du vertreibst mich heute von meinem Ackerland, unstet und flüchtig muss ich sein auf Erden, und wer mich antrifft, der wird mich totschlagen. Da sprach der Herr: Nein, wer Dich erschlägt, an dem soll es siebenfach gerächt werden. Und er versah Kain mit einem Zeichen, damit ihn keiner erschlüge. Und so ging Kain weg vom Angesicht des Herrn und zog ins Land Ruhelos, jenseits von Eden.« (1. Buch Mose Kapitel 4, Verse 13–16)

Selbst ein Mörder darf nicht »vogelfrei« der Lynchjustiz ausgeliefert sein, die Spirale endloser Blutrache wird von Anfang an gestoppt, auf die Todesstrafe wird verzichtet, das Verbrechen macht den Täter lebenslang ruhelos, er lebt »East of Eden« (US-Klassiker John Steinbeck) – die juristischen Aussagen des Textes sind offensichtlich, die psychologischen auch. Aber: Was für ein Zeichen signalisierte – sofort sichtbar – die Autorität Gottes als Schutzmacht über Kain?

»›Unter allen Kanonen‹ meint:
Damit kann man keinen Krieg gewinnen«

»Unter aller Kanone«, wie es korrekt heißt (oder »unter aller Sau«, wie es umgangssprachlich heißt), finden wir Produkte, Leistungen oder Verhaltensweisen, die unseren Anforderungen oder Erwartungen nicht genügen.

Ist ein peinlicher Auftritt auch noch komisch, finden wir ihn zwar »zum Schießen«, mit Kanonen hat die Redewendung aber nichts zu tun: »Und siehe, es war eine Mauer um das Gebäude herum, und mit einer Messlatte in der Hand maß ein Mann das Bauwerk« heißt es beim biblischen Propheten Hesekiel, Kapitel 14, Vers 5. Und bei Jesaja, Kapitel 46, Vers 6: »Wem wollt Ihr mich vergleichen, spricht der Herr! Wollt Ihr einen Goldschmied bestellen, der mich mit dem Stab der Waage wiegt?«

Die lateinische Übersetzung dieses hebräischen Wortes für »Messlatte, Waage-Stab, Richtschnur« hieß »Canon«, und »sub omni canones« war für die Römer alles, was drunter, schlechter, leichter, kleiner blieb (neudeutsch: »unterirdisch«).

Der gesungene »Kanon«, also das zeitversetzte Einsetzen einer Melodie auf gleicher Tonhöhe, heißt Kanon, weil die alten Griechen ein Messgerät zum Stimmen von Saiteninstrumenten so nannten. Sehr zeitversetzt und mit großen Intervallen trafen sich die Bischöfe der frühen Christenheit, um einen ganz anderen »Kanon« festzulegen: Von 90 n. Chr. bis 367 n. Chr. nahmen sie textlich und theologisch Maß und erwogen auf etlichen Konzilien, welche Bücher und Briefe in den amtlichen Umfang der christlichen Bibel aufgenommen werden sollten und welche nicht.

Streng genommen ist also jedes Buch »unter aller Kanone«, das nicht in der Bibel steht. Marcel Reich-Ranicki möge verzeihen ...

» *Was auf der* KANZEL *gesagt wird, gilt* › *ex cathedra*‹. *Also verbindlich.*«

Rednerpulte in Kirchen heißen »Kanzel« und sind von alters her eine Art stilisiertes Fass oder gemauertes Halbrund in zwei bis drei Metern Höhe an einer Säule. Mit Treppchen, Törchen, Leselämpchen und Dächlein.

Ist dieses Dächlein nach oben gewölbt, sieht der Redner aus wie ein Küken in einem aufgeschlagenen Ei. Von dort oben über die Köpfe hinweg zu predigen (von lateinisch »predicare«, einprägen, ermahnen), war akustisch sinnvoll, so lange es keine Mikrofone gab. Wird erstaunlicherweise aber auch heute noch zur schnelleren Nackenstarre der Zuhörer und größeren Erhabenheit des Predigers benutzt. Kanzel kommt vom lateinischen »cancelli«, die Schranken.

Vielleicht einer der Gründe für das Vorurteil, von der Kanzel herunter werde man meist »in die Schranken verwiesen« und »abgekanzelt«. Weshalb ja die Mehrheit der Protestanten und Katholiken ihren sonntäglichen Gottesdienstbesuch »ge-cancelt« haben (neudeutsch für »gestrichen«, »abgesagt«). Was die Pfarrerin, der Priester oder die Kanzelredner dort sagen, sollte wohlüberlegt, seelsorglich verantwortlich und von der Bibel bzw. den Bekenntnissen der Kirche her abgedeckt sein.

»Ex cathedra« sind ihre Ausführungen trotzdem nicht, denn das bedeutet »vom apostolischen Stuhl als unfehlbare Lehrentscheidung verkündet«. Also nur im Raum der katholischen Kirche anerkannt und anwendbar. Es hat in den letzten 250 Jahren nur zwei »ex cathedra«-Entscheidungen gegeben: 1870 das Dogma von der Unfehlbarkeit des Papstes in Lehraussagen und 1950 das Dogma von der leiblichen Aufnahme Mariens in den Himmel.

»KATAKOMBEN *waren unterirdische Kirchen*«

Das Wort war zunächst nur eine Adresse: »Entlang der Talmulde« (griechisch »kata kymbas«). Südlich der Stadt Rom verlief diese Senke und in ihr die »Via Appia«. Weicher Tuffstein bot die Möglichkeit, mehrstöckige Gänge mit Nischen an den Wänden ins Erdreich zu treiben und so möglichst viele Tote mit möglichst geringem Arbeitsaufwand zu bestatten. Das geschah schon in vorchristlicher Zeit, erlebte aber seine traurige »Blüte«, als unter den römischen Kaisern des 1. und 2. Jahrhunderts zigtausende von Christen ermordet wurden. Darunter auch, vermutlich im Jahr 64 n. Chr., der Apostel Petrus, dessen Gebeine man vor dem Zugriff Kaiser Neros in solch einer Katakombe verbarg (und erst sehr viel später auf dem Vatikanhügel bestattete, wo heute der Petersdom steht). Inzwischen sind rund 60 Katakomben bekannt mit insgesamt 170 Kilometern freigelegter Gänge und ca. 750.000 Gräbern. Dass dort frühchristliche Bestattungen und »Totenmessen« stattfanden, ist belegt. Dass sich einzelne Flüchtende dort versteckten, ist wahrscheinlich. Dass sich aber jeden Sonntag die Masse der stetig wachsenden Christen-Gemeinden Roms in Katakomben versammelt hätte, ist falsch: Man traf sich in Privathäusern oder im Freien.

»Ein KIRCHSPIEL ist ein Theaterstück mit religiösem Inhalt«

Das Kirchspiel ist ein sprachliches Verwirrspiel: Mittelhochdeutsch »spel« heißt nicht etwa »spielen«, sondern »Erzählung«. Das Gebiet, in dem ein Pfarrer was erzählen darf (genauer: wo er was zu sagen hat), nennt man sein »Kirchspiel«. Gemeint ist also nicht ein (Leo-)Kirch-Spiel-(Film), sondern die regionale Verwaltungseinheit. Ein nur in den Köpfen von Pfarrern existierender Flächenausschnitt. Ein Amtsbezirk.

Im ganzen Amtsbezirk hat ein Pfarrer aber meist gar nichts zu sagen, denn große Kirchspiele heißen »Dekanat« (vom lateinischen »decius«, zehn), und da hat der Dekan etwas zu sagen. Was nicht ausschließt, dass ein Dekanat weniger oder mehr als zehn Kirchengemeinden einschließt. In manchen der 23 evangelischen Landeskirchen heißt das Kirchspiel »Sprengel« (vom mittelhochdeutschen »träufeln, besprenkeln«). Gemeint ist also keine norddeutsche Schokoladenfirma, sondern der »Taufberechtigungsbezirk«. Kirchspiel und Sprengel werden von Griechischkundigen als »Parochie« bezeichnet, und dieses Wort klingt nun, im Wald laut gerufen, wie der Brunftschrei eines röhrenden Platzhirsches. Wohl nicht zufällig ...

Präziser als evangelische Kirchenbürokraten sind die Katholiken: Eine »Diözese« (meist falsch betont als »Diozöse« oder »Dözäse«) ist ein Bistum. Punkt. Der Amtsbezirk eines Bischofs.

»Das KONKLAVE ist ein geheimniskrämerisches Küchenkabinett«

An einem abgeschlossenen Ort (lateinisch »cum clave«, mit Schlüssel), traditionell in der Sixtinischen Kapelle im Vatikan, treffen sich nach dem Tod eines Papstes die wahlberechtigten Kardinäle, legen einen Eid auf Geheimhaltung ab und wählen auf schlichten Namenszetteln einen der Anwesenden zum neuen Papst. Gewählt ist, wer zwei Drittel der Stimmen erhält. Nach jedem Wahlgang werden die Stimmzettel verbrannt, um die Diskretion auch nach Jahrhunderten noch zu gewährleisten. Es ist das älteste Verfahren einer freien und geheimen Wahl in der Menschheitsgeschichte.

Das Eingeschlossensein (inklusiv Handy-Verbot bei der Wahl Benedikt des XVI. am 18. und 19. April 2005) hat den Zweck, äußere Einflussnahmen von interessierten Lobbyisten zu unterbinden.

Eine alternative Erklärung lautet: Das Eingeschlossensein entstand, als sich die Kardinäle in Viterbo 1268, nach dem Tod Papst Clemens IV., fast drei Jahre lang nicht einigen konnten oder wollten. Man richtete sich behaglich ein, ließ es sich gut gehen – bis der Chef der Franziskaner, Bonaventura, die Herrschaften einschloss und das Gebäude von Bewaffneten umstellen ließ. Als auch das keine Wirkung zeigte, entzog Bürgermeister Alberti di Montebuono den Kardinälen die Lebensmittel und ließ das Dach des Bischofspalastes abtragen, so dass die Würdenträger buchstäblich im Regen standen. Gewählt wurde – ein Belgier. Tedaldo Visconti, Erzdiakon von Lüttich, ab 1. September 1271 Papst Gregor X.

Ob eine Papstwahl nun in der hochspirituellen Atmosphäre fortwährender Exerzitien und bewegender Gottesdienste stattfindet oder ein knallhartes Gekungel zwischen Freund und Feind ist, das – psst – bleibt »cum clave«.

»Geweihte **Kräuterbüschel** *über'm Hauseingang sind katholische Fetische«*

Das ist, hüstel, nicht nett formuliert. Aber eigentlich kein Irrtum.

»Wie die Welt entstanden ist, erklären **Kreationisten** *am klarsten«*

Als »Kreationisten« bezeichnen sich jene (meist evangelikal-konservativen) Protestanten, die die zwei Schöpfungsberichte der Bibel (Genesis 1 und 2) nicht als theologische Ur-Metapher für das Verhältnis Gottes zur Welt und zu den Menschen lesen wollen, sondern als wissenschaftlich zutreffendes, wortwörtlich naturkundliches Protokoll der Entstehung der Arten.

Mit der Behauptung »Gott schuf alles Leben in sechs Tagen und das erst vor wenigen tausend Jahren« geraten sie natürlich in Konflikt mit den Ergebnissen aller Forschungsdisziplinen seit 250 Jahren: Geologen, Biologen, Astrophysiker, Zoologen, Anthropologen und Historiker etc. haben zwar verschiedene »Evolutionstheorien« über die Entwicklung des Lebens auf der Erde – berühmt wurde Charles Darwins (1809–1882) Theorie von der »Mutation und Selektion« der Arten –, können diese aber nur vage experimentell beweisen, da die Evolution ein unumkehrbarer Prozess ist. Trotzdem erklären seriöse Naturwissenschaften das Gasgemisch im All, die jahrmilliardenalten Gesteinsverschiebungen, das langsame Abkühlen riesiger Vulkane, das Aussterben der Dinosaurier, die Vererbung und Veränderung genetischer Merkmale vom tierischen Primaten zum menschlichen »Homo erectus«, das Aussehen und die Lebensweise des Neandertalers usw. doch etwas plausibler, als wenn Kreationisten ihr Verständnis von äußerlicher Wortwörtlichkeit der Bibel verteidigen: Gott habe die Erde bereits mit Altersspuren geschaffen, um die modernen Wissenschaftler zu täuschen. Dinosaurier habe Noah halt nicht mit in die Arche genommen, und Fossilien gäbe es, weil Gott sie als Fossilien geschaffen hat – so etwas muss vielleicht in amerikanischen Schulen (auf politischen und juristischen Druck der Evangelikalen hin) gelehrt werden. »Klarer« als eine selbstkritische Naturwissenschaft muss es nicht sein.

»Die KREUZZÜGE waren eine Art Holocaust an den Muslimen«

Die Kreuzzüge waren moralisch eine Katastrophe und politisch ein Flop. Ein »Holocaust« an Muslimen waren sie schon deshalb nicht, weil die von einer gewählten deutschen Regierung vorsätzlich betriebene Ermordung von 6 Millionen Juden beispiellos war und ist, also mit keinem historischen Vorgang verglichen werden kann und sollte. Der erste Kreuzzug 1095, ausgerufen von Papst Urban II., begann gleich daheim in Europa mit Pogromen gegen Juden, endete zwar mit der Eroberung Jerusalems durch Gottfried von Bouillon 1099, brachte aber vor allem den Orienthandel mit muslimischen Geschäftspartnern in Schwung. Der zweite Kreuzzug 1139, ausgerufen von Bernhard von Clairveaux, endete in einem militärischen Desaster in Kleinasien.

Der dritte, 1187, brachte Kaiser Barbarossa den Tod durch Ertrinken, nicht aber die Stadt Jerusalem zurück in »christliche« Hände. Der vierte, 1202 bis 1204, war eigentlich ein Machtkampf zwischen Rom und Byzanz. Der fünfte endete 1229 dank Kaiser Friedrich II. ohne Blutvergießen durch Verträge mit dem ägyptisch-islamischen Herrscher, woraufhin der Papst gegen den zu laschen Kaiser Friedrich Krieg führte. Und im sechsten Kreuzzug verloren die Herren Ritter auch noch die Festung Akkor gegen die Muslime. Zweifellos waren alle diese Invasionen aus heutiger Sicht verbrecherisches Unrecht, das im Laufe von etwa 150 Jahren Millionen Muslimen das Leben kostete. Nur: Als nachgereichte Begründung für ein 750 Jahre späteres »Zurückschlagen« der islamischen Welt gegen »den Westen« taugen Kreuzzüge nicht.

»An der KRIPPE des Jesuskindes standen Ochs und Esel«

Davon steht in der Weihnachtsgeschichte, Lukas-Evangelium Kapitel 2, Verse 1 bis 20, kein Wort.

Der Grund, schon in sehr frühen und in fast allen Krippendarstellungen, Altarbildern und Gemälden einen Ochsen und einen Esel hinter oder neben Maria und Josef zu platzieren, ist ein Vers aus dem Buch des Propheten Jesaja, Kapitel 1, Vers 3. »Der Ochse kennt seinen Meister und der Esel die Krippe seines Herrn. Israel aber hat keine Einsicht, mein Volk versteht nicht.«

Man wollte traditionell jüdische und heidnisch römische Betrachter der Krippenbilder ermahnen, im Jesuskind doch bitte den Messias, den Gesandten Gottes und Retter der Welt, zu erkennen und anzuerkennen. Noch dümmer als Ochs und Esel, die ihren Herrn kennen, war nach Meinung des ehemaligen Staatsratsvorsitzenden Erich Honecker nur sein eigenes DDR-Volk: »Den Sozialismus in seinem Lauf halten weder Ochs noch Esel auf.«

L

»LACHEN *in der Heiligen Messe ist respektlos*«

Meinte der Patriarch von Konstantinopel, Johannes Chrysostomus (347 bis 407 n. Chr.), denn »Christus hat auch nicht gelacht«. Kirchenvater Augustinus in Karthago (354 bis 430 n. Chr.) gab zu bedenken, dass Neugeborene eben weinend und nicht lachend auf die Welt kämen, als wüssten sie schon, was sie erwartet. Und Hildegard von Bingen (1098 bis 1179 n. Chr.) war überzeugt, das Lachen bringe den Säftehaushalt des Körpers durcheinander und verletze die Milz. Im 13. Jahrhundert war das Buch »Vita beate virginis Mariä« populär, eine legendenhafte Biographie der Mutter Jesu, und dieses Buch stellte in 18 langen Versen klar, dass Maria zwar schamhaft gelacht habe über die Niedlichkeiten ihres Neugeborenen (wie es wohl jede Mutter tut), niemals jedoch habe sich dabei ihr Zwerchfell bewegt! Woher die das wohl wussten?

Bis heute in Erinnerung geblieben ist das katholische Lachverbot »Risui abstinuit« (enthalte Dich des Lachens) durch den humorlos-furchterregenden Dominikanermönch

Jorge von Burgos in der Verfilmung des Umberto-Eco-Klassikers »Der Name der Rose« mit Sean Connery.

Tatsächlich ist 26 Mal in der Bibel vom Lachen die Rede. Vom ungläubigen Kichern der greisen Frau des Abraham, als ihr eine Schwangerschaft vorausgesagt wird (1. Buch Mose Kapitel 18, Verse 12 bis 15) über das Lachen Gottes (Psalm 2, Vers 2), die »große Freude« bei der Geburt Jesu (Lukas-Evangelium Kapitel 2, Vers 10) und die Aufforderung zum Jubel (Matthäus-Evangelium Kapitel 5, Vers 12) bis zur Verheißung »wenn der Herr die Gefangenen Zions erlöst, wird unser Mund voll Lachens und unsere Zunge voll Jubel sein« (Psalm 126, Verse 1 und 2).

Interessanterweise hat unser deutsches Wort »Spaß« einen biblischen Ursprung: Romanisch »spasso« bedeutete »abschirren, von der Deichsel lassen, zügellos gehen lassen« und kam in der lateinischen Übersetzung von Maleachi, Kapitel 3, Vers 20 vor. »Ihr werdet hinausgehen und Freudensprünge machen wie Kälber, die aus dem Stall kommen.«

Eine der ältesten christlichen Konfessionen, die orthodoxe Kirche, hat das »Risus paschalis«, das Ostergelächter, in dem allerheiligsten ihrer hochliturgischen Gottesdienste fest verankert: in der Auferstehungsfeier am Ostermorgen.

»Lästern *ist nicht verboten »*

Doch, wenn es Gotteslästerung ist. Über Verwandte, Kollegen und Freunde zu lästern ist so lange erlaubt, wie der Betreffende nicht den Straftatbestand der Beleidigung oder Verleumdung erfüllt sieht. Über Gott, Jesus, Allah, Mohammed, Buddha oder religiöse Riten und Gebräuche zu lästern wird seit der Strafrechtsreform von 1969 wie folgt geahndet: »Wer öffentlich oder durch das Verbreiten von Schriften den Inhalt des religiösen oder weltanschaulichen Bekenntnisses anderer in einer Weise beschimpft, die geeignet ist, den öffentlichen Frieden zu stören, wird mit Freiheitsstrafe bis zu drei Jahren oder mit Geldstrafe bestraft.

Ebenso wird bestraft, wer öffentlich oder durch Verbreiten von Schriften eine im Inland bestehende Kirche oder andere Religionsgemeinschaft oder Weltanschauungsvereinigung, ihre Einrichtungen oder Gebräuche in einer Weise beschimpft, die geeignet ist, den öffentlichen Frieden zu stören.« (StGB § 166 Absatz 1 und 2).

Weil dieser so genannte »Gotteslästerungsparagraf« in den letzten 25 Jahren zu keiner einzigen Verurteilung führte, schlugen im Mai 2002 der damalige Regensburger CSU-Bundestagsabgeordnete Benno Zierer und 84 weitere Parlamentarier vor, den Einschub »geeignet, den öffentlichen Frieden zu stören« ersatzlos zu streichen. Hintergrund ihres Änderungsantrags waren Sketche in der RTL-Sendung »Samstag Nacht« (»Du kommst aber spät heim, Jesus ». »Tschuldigung, ich bin am Kamener Kreuz hängen geblieben«), Sprüche der Moderatoren Friedrich Küppersbusch (»Kruzifixe werden aus den Klassenzimmern entfernt, weil 2.000 Jahre rumhängen ja wirklich kein Vorbild für die Schuljugend ist«) und Thomas Koschwitz (»Maria war die letzte Frau, die Sex mit einem Außerirdischen hatte«). Ähnliche Kalauer von Wiglaf Droste, Olli Dietrich, Wigald Boning, Esther Schweins oder Anke Engelke »störten« zwar nicht den »öffentlichen Frieden«, seien aber nicht hinnehmbare Blasphemie, meinte der CSUler. Der Gegenantrag der Bündnisgrünen während der zweiten Legislaturperiode der rotgrünen Koalition, den § 166 StGB komplett zu streichen, da er § 5 des Grundgesetzes widerspreche (»eine Zensur findet nicht statt«) fand aber auch keine Mehrheit, da man die Verunglimpfung von beispielsweise jüdischen oder muslimischen »Heiligkeiten« nach wie vor strafrechtlich verfolgt sehen wollte.

»Langweilige Gottesdienste verlaufen nach einer LITANEI«

Gottesdienste verlaufen nach einer Liturgie, egal ob sie langweilig oder wunderbar sind. Mit »Liturgie« meint man die Summe aller als »kanonisch« geltenden Bibeltexte, Gebete, heiligen Handlungen, Rituale und Symbole des Gottesdienstes. Festgelegt in der katholischen Kirche von den päpstlich autorisierten Messbüchern, in den protestantischen Kirchen von den »Agenden« der jeweiligen bischöflichen »Liturgie-Kommissionen«. Das thematische, emotionale und vor allem spirituelle Zusammenwirken von optischen, musikalischen und verbalen Eindrücken – von der Kleidung der Akteure und der Dekoration der Kirche über die Auswahl der Musik bis zum Inhalt der Predigt – nennt man »gottesdienstliche Liturgie«. Sie ist mehr als nur der Programmzettel, der »Ablauf«, einer religiösen Veranstaltung. Kam in dieser »Liturgie« nun allerdings ein Wechselgebet zwischen Vorbeter und Gemeinde, ein Wechselgesang zwischen Solist und Chor, ein häufig wiederholtes Wort (»Kyrie eleison«, Herr, erbarme Dich) oder ein häufig wiederholter Kehrvers (ein »Ostinato« oder »Responsorium«) vor – dann nannte man das in den ersten Jahrhunderten der Kirche durchaus »Litanei«. Vom griechischen »litaneia«, das Beten. Meinte es aber immer positiv, weil die »Litanei« der überwiegend analphabetischen Bevölkerung Gelegenheit gab, auch ohne Text- oder Gesangbücher aktiv mitzusprechen bzw. mitzusingen.

»Im LATERANPALAST *war ursprünglich das päpstliche Klo«*

Der Lateran in Rom war keine Latrine. Sondern das Haus der adligen Familie Laterani. Einige aus dieser weitverzweigten Sippe, die Familie Pomponia Grecina, bekehrten sich 38 n. Chr. zum Christentum, als der Apostel Petrus in Rom predigte. Zur Strafe konfiszierte Kaiser Nero 65 n. Chr. den Palast.

Als 313 n. Chr. Kaiser Konstantin sich nun seinerseits zum Christentum bekehrte, schenkte er das Gebäude Papst Miltiades und legte noch weitreichenden Besitz von Grund und Boden obendrauf. Verbunden mit der Auflage, dort eine Kirche zu errichten. Am 9. November 318 weihte man die »Lateranbasilika« ein und machte sie zur »Sancta Sanctorum«, zum Allerheiligsten, kurz: zur Privatkapelle der Päpste. Mit vergitterten Fenstern, für Besucher nicht zugänglich.

M

»Keine **MÄTZCHEN** *machen meint:
nicht zu kleine Matzen backen«*

Könnte man meinen. Hebräisch »mazza, mazzot«, eingedeutscht »Matzen«, ist das ungesäuerte Brot während des jüdischen Passahfestes. Ungesäuert deshalb, weil man sich an den eiligen Aufbruch aus der Sklaverei erinnert, als keine Zeit blieb, den Teig »aufgehen« zu lassen.

Trotzdem falsch: »Mätzchen« ist eine verballhornte Zusammenziehung von »Matthäi am letzten« und meint den letzten Vers des Matthäus-Evangeliums. Da sagt Jesus in Kapitel 28, Vers 20: »Und siehe, ich bin bei Euch alle Tage bis ans Ende der Welt.« Schon seit Kapitel 25, dem Gleichnis vom großen Endgericht, geht es am Ende des Matthäus-Evangeliums ums Ende der Welt. »Mätzchen« sind alle Dinge und Tätigkeiten, die angesichts des Weltendes absurd, banal, unnötig sind und die im Lichte des herannahenden Todes und für das Bestehenkönnen im Endgericht irrelevant und lächerlich sind. Solche »Mätzchen« soll man lassen.

»Der **MESNER** *ist der
Hausmeister einer Kirche«*

Der Mesner – regional auch »Messner« oder »Küster« genannt – heißt nicht Mesner, weil ihm die organisatorischen Voraussetzungen für die Heilige Messe obliegen, sondern weil er der »mansionarius« ist, lateinisch der »Aufseher des Hauses«. Damit ist seine Verantwortung aber kaum hinreichend beschrieben: Er sorgt dafür, dass die Kirche an 6 von 7 Tagen geschlossen bleibt, die Raumtemperatur ganzjährig 16 Grad nicht überschreitet, das Heizlüftungsgebläse lauter rauscht, als der Pfarrer spricht, und man die Liederbücher im schlecht beleuchteten Halbdunkel nicht lesen kann, sie also geschont werden. Blumen und Kerzen im vorderen sowie Plakate und Informationsbroschüren im hinteren Teil der Kirche müssen alle zwei Jahre erneuert werden, Renovierungsgelüste kunstsinniger Geldgeber oder Veranstaltungssonderwünsche leutseliger Aktivisten müssen von seinem sensiblen Frühwarnsystem abgefangen werden – das alles kostet doch Zeit und Kraft! Der frei laufende Mesner in seinem Biotop »Kirche« hat darüber hinaus zahlreiche natürliche Feinde: Gottesdienstbesucher, Pfarrer, Putzfrauen, Gruppenstündler und – horribile dictu – Jugendliche!

Ist man zum Beispiel als Ortsfremder nicht ganz sicher, wer unter den Anwesenden der Mesner sein könnte, genügt die gewöhnliche Begrüßung. 99 % aller Menschen rund um den Globus sagen bei einer Erstbegegnung »Hallo«, »Guten Tag« oder gar »Willkommen«.

Echte Mesner sagen zur Begrüßung: »Hier können Sie aber nicht parken ...«

»MICHAEL *bedeutet* ›*Engel der Deutschen*‹«

Hebräisch »מיכאל« bedeutet »Wer ist wie Gott?«. Im alttestamentlichen Buch Daniel wird ein »Engelfürst« oder Erzengel so genannt (Buch Daniel Kapitel 10, Vers 12), im neutestamentlichen Buch der Offenbarung jener Engel, der Satan, den Ankläger der Menschen, entmachtet und aus dem Himmel wirft (Offenbarung Kapitel 12, Verse 7–12). Seit in Rom im 5. Jahrhundert an der Via Salaria eine »Michaeliskirche« zu Ehren dieses Satansbezwingers und schwer bewaffneten Gottesboten stand, galt Michael als besonderer »Schutz-Engel« des Heiligen Römischen Reichs Deutscher Nation. Daraus wurden umgangssprachlich der »deutsche Michel« und im Zuge der Reformation Martin Luthers ein evangelisches »Michaelsfest« an jedem 29. September, das zeitweilig gleichwertig mit Weihnachten, Ostern und Pfingsten als viertes christliches Fest im Jahr begangen wurde.

»MISSIONARE *sind heutzutage Entwicklungshelfer*«

Missionare (vom lateinischen »missio«: Sendung, Beauftragung, Aufgabe) sind alle Christen. Zumindest, wenn sie sich als Nachfolger, Anhänger, »Jünger« des Jesus von Nazareth verstehen. Der »predigte das Reich Gottes, lehrte in den Schulen und heilte alle Krankheit« (Matthäus-Evangelium Kapitel 4, Vers 23) und erteilte den so genannten »Missionsbefehl«. »Gehet hin und macht alle Völker zu Jüngern und tauft sie auf den Namen des Vaters, des Sohnes und des Heiligen Geistes und lehrt sie alles halten, was ich Euch geboten habe.« (Matthäus-Evangelium Kapitel 28, Vers 19)

Werden in einem bettelarmen Land Katastrophenopfer geborgen, Lebensmittel verteilt, Häuser gebaut und Brunnen gebohrt, Stromleitungen verlegt, Krankenstationen und Schulen eingerichtet, ist es den Geretteten und den Empfängern gleich, ob die Helfer dies als »christliche Mission«

oder als »humanitäre Hilfe« deklarieren. Im Sinne des Evangeliums und im Geiste des Jesus von Nazareth ist solche Hilfe allemal.

Das Klischee vom »Missionar« aus dem 19. Jahrhundert, der mit Tropenhelm, Bibel und tragbarem Harmonium unter dem Arm im Busch predigt, hat sich überlebt: Ohne einen »weltlichen« Berufsnachweis als Ingenieur, Arzt oder Lehrer bekommen Missionare in den meisten Ländern der Dritten Welt weder Visum noch Arbeitserlaubnis. Einheimische christliche Kirchen vor Ort wachsen im Übrigen schneller als je zuvor, schneller als in Europa oder Nordamerika und – sie tun dies unter der Leitung einheimischer Pastoren.

»Modisch müssen Priester nicht sein«

In der Verfilmung des Umberto-Eco-Romans »Der Name der Rose« sieht man historisch korrekt katholische Würdenträger mit breitkrempigen roten Hüten und Goldtroddeln dran zu Gericht sitzen. Schnallenschuhe, meterlange rote Seidenumhänge – alles modische Vergangenheit. Herrenausstatter Gammarelli in Rom, dessen Familienbetrieb seit 1792 das vatikanische Personal einkleidet, hat auf schwarzen Talar mit roter Borte und Schärpe, weißes Chorhemd und schwarze Anzüge mit Priesterkragen (»Dog Collar«) umgestellt. Für liturgische Anlässe auf erhöhten Altarstufen, unter einer wollenen Soutane mit roter Seidenborte, empfiehlt Meister Gammarelli rote Schuhe, wie sie Papst Benedikt XVI. zum Erstaunen modebewusster Beobachter auf seiner ersten Musikdampferfahrt in Köln trug, und – rote Socken! Das schien Helmut Kohls glückloser

Wahlkampf-Pastor Hintze (»Rote-Socken-Kampagne«) aber nicht gewusst zu haben ...

»Mohammed *liegt in der Ka'aba in Mekka begraben*«

Die Ka'aba (arabisch »Würfel«) ist ein schlichter schwarzer Ziegelbau und älter als der Islam. Erbaut über jenem »schwarzen Stein«, auf dem der Stammvater des jüdischen Volkes, Abraham, seinen Sohn Isaak opfern wollte, dann aber auf göttliches Geheiß doch einen Widder nahm (1. Buch Mose Kapitel 22). Nach islamischem Glauben hat Abraham selbst die Ka'aba erbaut. Ein Schrein, zu dem religiöse Araber und durchreisende Händler aller Religionen pilgerten, wovon im Übrigen die Familie des 570 n. Chr. geborenen Kaufmanns Abul Kasim Ibn Abdallah als Händler und Zugangskontrolleure profitierte. Nachdem ihm ab dem 40. Lebensjahr beim Meditieren in einsamen Wüstennächten und in einer Berghöhle der Engel Gabriel und Gott selbst in zahlreichen Eingebungen »offenbart« hatte, er solle als Prophet Mohammed die Einheit und Einzigartigkeit Gottes gegen den Polytheismus der arabischen Völker durchsetzen, mussten er und seine Anhänger im Jahr 622 nach Medina fliehen. Von dort aus führte er drei Kriege gegen die Bürger von Mekka. Als Mohammed – inzwischen anerkannter religiöser und politischer Führer einer panarabischen Bewegung – 630 n. Chr. siegreich in seine Heimatstadt einzog, »reinigte« er die Ka'aba von animistischen Kultgegenständen und erklärte sie zum zentralen Heiligtum des Islam. Jeder Muslim sollte ein Mal im Leben nach Mekka pilgern. Und weil das innerhalb der ersten zehn Tage des letzten Monats im islamischen Jahreskalender zu geschehen hat, fallen innerhalb weniger Tage bis zu zwei Millionen Pilger in Mekka ein und umrunden sieben Mal die Ka'aba. Für die saudi-arabische Stadtverwaltung und die Polizei eine alljährliche Meisterleistung.

Mohammed starb am 8. Juni 632 n. Chr. im Bett seiner zweiten Frau A'isha in Medina. Dort, und nicht in Mekka, ist er auch begraben.

»Ein MOLOCH *ist eine planlos wachsende Millionenstadt«*

Moloch (vom phönizischen Wort für »Opfer«) war im 2. Jahrtausend vor Christus eine im östlichen Mittelmeer und im alten Karthago (dem heutigen Tunesien und Libyen) verehrte Gottheit, der man auf einem Feuerbestattungsaltar Menschen opferte. Normalerweise gefangen genommene Feinde, in Notzeiten auch die eigenen Kinder. Das frühe Judentum kannte zwar das Opfern der »Erstlingsgabe der Feldfrüchte« und der »Erstgeburt des männlichen Viehs« (2. Buch Mose Kapitel 13, Vers 11), verurteilte aber jegliche Art von Menschenopfer: »Du sollst nicht eins Deiner Kinder hergeben, um es dem Moloch zu opfern, womit Du den Namen des Herrn entweihen würdest« (3. Buch Mose Kapitel 18, Vers 21). Heerführer Jephta, um 1200 v. Chr., hatte dieses Verbot vergessen und verwechselte obendrein den jüdischen Gott Jahwe mit der phönizischen Gottheit Moloch. Als eine Schlacht auf der Kippe steht, leistet er ein Gelübde: »Wenn Du die Feinde in meine Hand gibst, Herr, dann soll Dir gehören, wer immer mir aus der Tür meines Hauses entgegenkommt. Ich will ihn Dir als Brandopfer darbringen« (Buch Richter Kapitel 11, Vers 31).

Jephta siegt triumphal. »Als er nun zu seinem Hause heimkehrte, siehe, da trat gerade seine Tochter mit Reigentanz und Handpauken ihm entgegen. Sie war sein einziges Kind.« (Buch Richter Kapitel 9, Vers 34)

Gegen solche tragischen Missverständnisse des jüdischen Glaubens wendet sich die berühmte Geschichte der Beinahe-Opferung Isaaks durch seinen Vater Abraham: »Da rief ihm der Engel des Herrn zu: Lege Deine Hand nicht an den Knaben und tue ihm nichts, denn nun weiß ich, dass Du Gott fürchtest. Und als er sich umsah, sah er einen Widder, dessen Hörner sich im Gebüsch verfangen hatten, den nahm Abraham und opferte ihn an Stelle seines Sohnes« (Buch Genesis Kapitel 22, Verse 11–13). Trotzdem muss die Verehrung des Moloch immer wieder ins Judentum eingesickert sein: Als König Josia zwischen 639 und 606 v. Chr. eine große Staatsreform durchführte, »da entweihte er auch die Feuerstätte im Hinnomtal, damit niemand mehr seinen Sohn oder seine Tochter dem Moloch zu Ehren durchs Feuer gehen lasse« (2. Buch der Könige Kapitel 23, Vers 10).

Bezeichnet man heute planlos wuchernde Millionenstädte vor allem in armen Ländern (Kairo, Abidjan, Lagos, Bombay, Manila, Mexico City ...) als »Moloch«, könnte ihr »kinderfressender« Charakter durch die Verelendung der Bewohner ebenso gemeint sein wie deren Bereitschaft, ihren Nachwuchs in Kinderarbeit und Kinderprostitution auf dem »Altar« der globalisierten Marktwirtschaft zu »opfern«.

»Wenn MOSES wütend wurde, wuchsen ihm Hörner«

Papst Julius II. war ein unbescheidener Mann: Ab 1505 beschäftigte er 40 Jahre lang den Bildhauer Michelangelo Buonarotti damit, sein päpstliches Grabmal zu gestalten. Eine der Skulpturen (und die einzige, die schlussendlich in der Kirche San Pietro in Vincoli Aufstellung fand) stellt den jüdischen Gesetzgeber Moses dar. Und dem ragen unübersehbar zwei Hörner aus dem dicht wallenden Haar. Wollte Michelangelo den Mose als Teufel verunglimpfen? Wohl kaum. Erklärungsversuch Nr. 1: Die Statue zeigt Moses, wie er mit den Tafeln der Zehn Gebote vom Berg Sinai hinunterkommt und das Volk beim »Tanz ums goldene Kalb« sieht: »Da entbrannte sein Zorn, und er warf die Tafeln aus der Hand und zerschmetterte sie unten am Berg« (2. Buch Mose Kapitel 32, Vers 19). Der Moses des Michelangelo »kriegt also gerade so einen Hals«, wie wir heute sagen würden, »ihm stehen die Haare zu Berge«, zumindest zwei sehr stabile Haarbüschel.

Erklärungsversuch Nr. 2: Die Statue zeigt Mose lange nach diesem Wutanfall, als er mit dem zweiten Satz Gesetzestafeln heruntergestiegen kommt und nicht nur emotional ausgeglichen, sondern sogar spirituell inspiriert, gesegnet und beseelt ist: »Er wusste aber nicht, dass die Haut seines Antlitzes strahlend geworden war, während Gott mit ihm geredet hatte … Da sahen die Israeliten, dass Moses' Antlitz strahlte, und er verhüllte sein Gesicht mit einem Tuch« (2. Buch Mose Kapitel 34, Vers 35). Kinogänger älterer Jahrgänge werden sich an den Filmklassiker »Die Zehn Gebote« erinnern, in dem Charlton Heston plötzlich aussieht wie die schöne Ermordete in James Bonds »Goldfinger« … Das hebräische Wort für »strahlen« heißt »karan«, das Wort für »Horn« heißt »kären«. Weil im biblischen Text ursprünglich nur die Konsonanten standen, ergab die Einfügung unterschiedlicher Vokale auch unterschiedliche Deutungsmöglichkeiten. In der lateinischen Übersetzung des

Alten Testaments durch Kirchenvater Hieronymus wurden deshalb fälschlicherweise aus dem »Strahlenkranz« um Moses' Haupt – die »Hörner« auf Moses' Haupt! (»Ignorabat quod cornuta esset facies sua.«)

Ob unser modern umgangssprachlicher Ausruf »Ich werd' zum Hirsch!« daher kommt, bleibt ein Rätsel.

Dem genialen Hau-Meister Michelangelo war die ganze Skulptur irgendwann rätselhaft vorgekommen. Jedenfalls erzählen die Touristenführer, Herr Buonarotti habe angefangen, mit der Statue zu sprechen. »Perché non parli?«, soll er Mose gefragt haben: »Warum sprichst Du nicht?!«

Vor Wut über die ausbleibende Antwort habe der Künstler mit einem Meißel das Knie des Ehrwürdigen traktiert. Die Einkerbung ist bis heute deutlich zu sehen ...

»Mystisch *ist alles, was unerklärlich ist«*

So ungefähr, ja. Das Wort stammt aus dem Dialekt Kölner Mesner, denen man etwas Reparaturbedürftiges zeigt. »Müsst' isch ma was machen«, ist die stereotype Antwort. Warum es trotzdem nie gemacht wird, ist mystisch.

N

»Nächstenliebe *ist ein urchristlicher Gedanke*«

Das Gebot der Nächstenliebe ist ein urjüdischer Gedanke. Als ein jüdischer »Gesetzeskundiger« Jesus fragt, was er tun müsse, um »das ewige Leben zu erben«, fragt Jesus ihn zurück: »Was liest Du dazu im Gesetz?« (Lukas-Evangelium Kapitel 10, Vers 26). Und brav wie ein Schuljunge zitiert der Schriftgelehrte aus dem 5. Buch Mose Kapitel 6, Vers 5, und dem 3. Buch Mose Kapitel 19, Vers 18, das so genannte »Doppelgebot der Liebe«: »Du sollst den Herrn Deinen Gott lieben von ganzem Herzen und ganzer Seele, mit aller Kraft und allem Denken und Deinen Nächsten wie Dich selbst!«

Dass im Judentum mit dieser »Nächstenliebe« nicht nur romantische Menschenfreundlichkeit, sondern ein konkreter Rechtsanspruch gemeint war, das verdeutlichen einige der Zehn Gebote in 2. Mose 20 – »Du sollst nicht falsch Zeugnis reden über Deinen Nächsten, Du sollst ihn nicht um sein Haus, seine Frau, seine Kinder, seine Knechte, seinen Besitz beneiden« – und die Gebote in 3. Mose 19 und 5. Mose 4: »Du sollst Deinem Nächsten nicht Unrecht tun, Du sollst Deinen Nächsten gerecht richten, Du sollst Deinem Nächsten den Tageslohn vor dem nächsten Morgen auszahlen, Du sollst ihm Geborgtes zurückgeben, Du sollst seine Grenzen nicht zurücktreiben, Du sollst ihn zurechtweisen, Du sollst ihn lieben wie Dich selbst!«

Jesus von Nazareth hat diese ethischen Forderungen des Judentums nicht »erfunden«, sondern in der »Bergpredigt« (Matthäus-Evangelium Kapitel 5) noch überhöht und verschärft, in dem er auch Nächstenliebe für den feindlichen Nächsten fordert. (»Segnet, die Euch fluchen. Tut wohl denen, die Euch hassen. Liebet Eure Feinde.«)

»Nikolaus ist eine Märchenfigur«

Der Nikolaus ist eine historische Figur, es gab ihn wirklich. Genau genommen gab es sogar zwei: Als im 4. Jahrhundert während eines Sturms auf dem östlichen Mittelmeer zahlreiche römische Frachtschiffe im Hafen von Myra notankern mussten, soll der Bischof der Stadt, Nikolaus, die Kapitäne überredet haben, pro Schiff je einen Sack Getreide (anderen Überlieferungen zufolge 100 Scheffel Gerste) an Land zu bringen, um die Hungersnot der Bevölkerung zu lindern. Bei ihrer Ankunft in Rom werde trotzdem nichts fehlen.

Die Seeleute willigten ein und luden aus. Weil sie Mitleid mit den Hungernden hatten? Weil Bischof Nikolaus die Genehmigung zum Auslaufen an gewisse persönliche Wünsche knüpfte? Wer will das heute nachprüfen ...

Nach glücklicher Weiterfahrt wurde am Zielhafen Rom jedenfalls niemand der Unterschlagung angeklagt. (Griechische Reeder, Hamburger Container-Disponenten und russische Spediteure können Ihnen erklären, wie so was geht ...) Diese »wunderbare Brotvermehrung« (in Anlehnung ans Markus-Evangelium Kapitel 5, Vers 41ff) geschah an Bord ebenso wie an Land: Bischof Nikolaus konnte die Bevölkerung von Myra jahrelang ernähren.

Geblieben ist von dieser Legende, dass der »Nikolaus« einen Bischofshut trägt und seine Gaben aus einem Sack verschenkt.

Nikolaus Nr. 2 war der Abt (also Klosterchef) von Sion und Bischof von Pinora in der südwestanatolischen Provinz Lykien, gestorben am 10. Dezember 564.

Als ein völlig verarmter Adliger sich ernsthaft überlegte, seine drei Töchter in ein Bordell zu verkaufen, um ihren (und seinen) Lebensunterhalt zu sichern, da sei Abt Nikolaus in seine Wohnung gestürmt und habe drei Goldkugeln ins Zimmer geworfen, um die Mädchen vor der Zwangsprostitution zu retten. Weil aber gerade ihre Socken an einer Wäscheleine quer durchs Zimmer hingen, landeten die Goldkugeln dort. Selbst im Zorn noch ein zielgenauer Balljongleur, dieser Abt.

Geblieben ist von der Legende, Äpfel, Nüsse und Süßigkeiten in eigens dafür bereitgestellte Socken, Schuhe und Stiefel zu stecken.

Beide kirchlichen Wohltäter verschmolzen zu einem, zu »dem« Nikolaus, als im 7. und 8. Jahrhundert in den Klosterschulen die Schüler einen »Kinderbischof« oder »Kinderabt« wählten, mit ihm an der Spitze durch die Straßen zogen und Spottverse auf ihre klerikalen Lehrer sangen. Wofür sie von den Erwachsenen mit Süßigkeiten belohnt wurden, weil Kindermund bisweilen aussprechen darf, was anderen nicht gestattet ist ...

Amtlich aktenkundig wurde dieses »Bischof-Nikolaus-Spiel«, als das Konzil von Konstantinopel 870 n. Chr. es streng verbot. Was den Brauch aber keineswegs stoppte ...

O

»OEKUMENE *ist nur noch ein Lippenbekenntnis*«

Nein, ein Herzensanliegen und eine Selbstverständlichkeit für Millionen ehrenamtlich engagierter Christen verschiedener Konfessionen.

Nur »oben«, auf der Ebene der Kirchenführer ... doch halt, der Reihe nach: Im 5. Jahrhundert spaltete sich die orientalische von der byzantinischen Kirche, im 11. Jahrhundert die byzantinische von der römischen (also die »orthodoxe« von der »katholischen«), im 16. Jahrhundert die protestantische von der katholischen, die anglikanische von der katholischen, die reformiert-evangelische von der lutherisch-evangelischen, im 19. Jahrhundert die evangelisch-freikirchliche von der landeskirchlich-protestantischen und die altkatholische von der normalkatholischen, im 20. Jahrhundert die pfingstlich-charismatische von der evangelisch-freikirchlichen und im 21. Jahrhundert die neucharismatische von der altpfingstlichen. »Wenn das so weitergeht ...«, sagten sich schon im Jahr 1900 die Teilnehmer einer »Weltmissionskonferenz« in New York, aber erst unter dem Schock zweier Weltkriege gründeten 1948 in Amsterdam die Vertreter von 147 Kirchen aus 44 Nationen den »Oekumenischen Rat der Kirchen«. Mit dem griechischen Begriff »oikumene« meinten die ersten Christen, was im Matthäus-Evangelium Kapitel 24, Vers 14 beschrieben war: »Das Evangelium wird auf dem ganzen Erdkreis allen Völkern verkündigt werden.« Leitmotiv für diese Dachorganisation (fast) aller christlichen Kirchen ist bis heute ein Gebet des Jesus Christus: »... dass sie alle eins seien, wie Du, Vater, in mir bist und ich in Dir, damit auch sie in uns eins seien, damit die Welt glaubt, dass Du mich gesandt hast« (Johannes-Evangelium Kapitel 17, Vers 21). Missionarische Glaubwürdigkeit durch die Einheit der Christen. Ein schöner Gedanke. Indes: Die römisch-katholische Kirche macht bis heute nicht mit im »ÖRK«, sondern definierte während des zweiten Vatikanischen Konzils Mitte der 60er Jahre des 20. Jahrhunderts im »Dekret über den Ökumenismus«, Kirche Jesu Christi im Vollsinn könne nur sein, was sich innerhalb katholischer Glaubenssätze bewegt.

Als der vormalige Kardinal und spätere Papst Benedikt XVI., Josef Ratzinger, im Jahr 2000 in seinem Papier »Dominus Jesus« feststellte, evangelische Kirchen seien »nicht Kirche im eigentlichen Sinne« – da sagte er so gesehen nichts Neues, nur das Altbekannte etwas schärfer.

Haupthindernisse für eine tatsächliche »Oekumene« aller christlichen Kirchen sind zum Beispiel die fehlende gegenseitige Anerkennung der Eucharistie (des Abendmahls), das unterschiedliche Verständnis der »Gültigkeit« eines geistlich-priesterlichen Amtes und die Frage der Ordination bzw. Weihe von Frauen zu eben diesem Amt. Daran änderte auch der aufwändig und zunächst euphorisch vorbereitete gemeinsame »Oekumenische Kirchentag Berlin« im Sommer 2003 nichts, denn wer da als katholischer Priester Protestanten wissentlich die Hostie reichte, der »flog«.

Der »Oekumenische Rat der Kirchen« mit Sitz in Genf beteuert seither gebetsmühlenhaft die »versöhnte Verschiedenheit«, die von afrikanischen Pfingstlern bis zu russischen Orthodoxen herrsche; der vatikanische Oekumenebeauftragte Kardinal Walter Kasper beteuert ebenso geduldig die Bereitschaft seiner Kirche zu Dialog und Zusammenarbeit, nur: Wirklich praktiziert wird die »Oekumene« viel weiter unten, an der Basis der Gemeindemitarbeiterinnen und -mitarbeiter. Viele gemeinsame Gottesdienste, jede Menge gemeinsame missionarische und sozialdiakonische Aktionen und noch mehr konfessionsverschiedene Ehen.

»ÖLGÖTZE *ist ein Spottname für Buddha-Statuen*«

Ein nahe liegender Irrtum, wenn man in tropischem Klima nass geschwitzt und mit Sonnencreme eingeölt vor der goldglänzenden Statue eines feist lächelnden Buddhas steht. Das Wort stammt aber nicht aus dem modernen Tourismus, sondern aus dem Mittelalter: »Die auf dem Ölberg sich (am Schlaf) ergötzten«, das waren die Jünger Jesu, die in der Stunde seiner größten Todesangst nicht solidarisch und tröstend mit ihm wach blieben, sondern einschliefen und deshalb auf den Altarbildern stumm und starr dargestellt wurden (Matthäus-Evangelium Kapitel 26, Verse 36–40).

»OM MANI PADME HUM *ist das tibetische Vaterunser*«

Tibetisch hieße es »Om mani peme hung«, und ein »Vaterunser« kann es schon deshalb nicht sein, weil der Buddhismus keine dem Menschen gegenüberstehende oder gar »personal« verstandene Gottheit als Ansprechpartner anerkennt. Buddhisten »beten« zu niemandem, sie »meditieren« einen Gedanken oder ein Symbol oder – ein Mantra. Dieses hier zum Beispiel. Die sechs Silben der ältesten und wichtigsten Formel aus dem Sanskrit bedeuten wörtlich übersetzt nur »Juwel im Lotus«, wobei mit »Juwel« der Erleuchtungsgeist des Bodhichitta und mit »Lotus« das menschliche Bewusstsein gemeint sind. Diese sprachliche Aussage ist aber nur der geringste Teil des Mantra. Seine eigentliche Bedeutung ist die Wirkung, die es beim tausendfach wiederholten Rezitieren entfaltet: In einer »grundlegenden Haltung des Erbarmens« drückt der Meditierende seinen Wunsch nach Befreiung ins Nirwana, nach Eingehendürfen ins Nicht-Sein, aus. Unter den rund 50 buddhistischen Meditationszentren in Deutschland gilt das millionenfache Wiederholen des Mantras »Om mani padme hum« als Bestandteil eines »weltweiten positiven Kraftfeldes des Mitgefühls mit allen Lebewesen«.

»ONAN *erfand die Onanie*«

Onan erfand den Koitus interruptus. Wörtlich: »Wenn er zum Weibe seines Bruders ging, ließ er seinen Samen zu Boden fallen und verderben« (1.Buch Mose Kapitel 38, Vers 9). Warum? Sein Bruder war gestorben, seine Schwägerin war Witwe. Nun verlangte es das Gesetz, dass der nächste männliche Verwandte »ihr Nachkommen verschaffe«. Damit das Erbe des Verstorbenen in seiner Familie bleibt. Und nicht etwa bei einer Wiederheirat der Witwe an irgendeinen anderen Mann geht. Bekam eine Witwe jedoch trotz solcher »Beischlafhilfe« keine (männlichen) Kinder, fiel das Erbe an den nächsten männlichen Verwandten. Also an …? An Onan, genau!

Der wollte auf alle Fälle verhindern, dass seine Schwägerin einen kleinen Erben gebären würde, und so enttäuschte er, wie wir vermuten dürfen, die Dame immer wieder.

»Dem Herrn aber missfiel, was er tat, und er ließ ihn sterben« (1. Buch Mose Kapitel 38, Vers 10).

Sehen Sie: Man stirbt nicht an Onanie und auch nicht an schlechtem Sex. Aber möglicherweise an Habgier …

»Orthodox ist dasselbe wie dogmatisch«

»Orthodox« (vom griechischen »in rechter Weise Gott lobend«) nannten sich jene Kirchen im oströmischen Reich, die den Alleinvertretungsanspruch und die Vorherrschaft des Papstes in Rom nicht anerkannten und sich im Jahr 1054 n. Chr. von der »katholischen« (wörtl. »allumfassenden«) Kirche trennten. Gut 500 Jahre lang hatten sich das theologische Denken, die politischen Ziele und die Alltagskultur der Christen Osteuropas (repräsentiert durch Byzanz, heute Istanbul) und die der Christen im Westen (vertreten durch Rom) so sehr auseinander entwickelt, dass es zum Bruch kam. Entsprechend ihrem Selbstverständnis als Nationalkirchen gibt es beispielsweise die »russisch-orthodoxe«, die »griechisch-orthodoxe«, die »serbisch-orthodoxe« Kirche.

So »bewegend« ihre prunkvoll zelebrierten Gottesdienste mit Brokatgewändern, Ikonen, fantastischen Chorgesängen und weihevollen liturgischen Handlungen auch sind, so problematisch waren die Nähe der russischen Orthodoxen zum Sowjet-Regime, die Nähe der griechischen Orthodoxen zur Militärjunta und die Nähe der serbischen Orthodoxen zu den Kriegsverbrechern in Ex-Jugoslawien Anfang der 90er Jahre. »Dogmatisch« ist, wer Glaubens- und Lehrsätze des Papstes in Rom (»Dogmen«) auch ohne rationale Beweisführung, allein durch ihre autoritative Einsetzung als unbedingt verpflichtend akzeptiert und sich streng daran hält.

Gerade das aber tun die Bischöfe (»Patriarchen«) der rund 170 Millionen orthodoxen Christen nicht.

Auch nicht, nachdem sich Papst Paul VI. 1964 mit dem Patriarchen Athenagoras getroffen und 1966 die »Bannbullen« gegeneinander annulliert hatte.

Versteht man jedoch nicht nur die Glaubenslehrsätze der katholischen Kirche als »Dogmen«, sondern ganz allgemein das Glaubensbekenntnis und alle wichtigen Bekenntnisschriften und »Grundsätze« einer Konfession, dann können auch Protestanten und Pfingstler »dogmatisch« sein. Weshalb »Dogmatik«, die Lehre von der Entstehung und Bedeutung christlicher Glaubensgrundlagen und Bekenntnisse, ein wichtiges Unterrichtsfach jedes Theologiestudiums ist.

P

»Das jüdische PASSAHFEST
entspricht dem christlichen Ostern«

Das Passahfest (korrekt: Pessach, wörtlich »Überschreitung, Vorbeigang«) wird nach jüdischem Kalender vom 14. bis 21. Nisan gefeiert, was meist Ende März, Anfang April ist. Nach biblischer Überlieferung ereigneten sich Gefangennahme, Prozess, Kreuzigung und Auferstehung des Jesus von Nazareth kurz vor dem Passahfest des Jahres 33, aber die christliche Oster-Erinnerung daran hat mit der jüdischen Pesach-Erinnerung an die Befreiung aus Ägypten inhaltlich zunächst nichts zu tun: Beim häuslichen »Seder«, dem traditionell regulierten Festmahl in der Familie, wird »Maror« gegessen (bittere Kräuter wie z. B. Meerrettich), in Erinnerung an die Bitterkeit der Sklaverei, dann »Karpass« (Sellerie oder Petersilie) in Erinnerung an die Staudenbüschel, die man ins Blut des Opferlammes tauchte und mit ihnen die Türrahmen bestrich, damit der Racheengel vorüberging, der die erstgeborenen Kinder der Unterdrücker tötete. Dann gibt es »Charosset«, ein Mus aus Äpfeln und Nüssen, dessen Farbe an die Lehmziegel der Sklavenarbeit erinnert, und Salzwasser zum Tunken als Symbol für den Schweiß und die Tränen. Dazu drei »Mazzot«, ungesäuerte Matzen (die an die Eile des Aufbruchs erinnern, weil keine Zeit mehr blieb, Sauerteig herzustellen) und vier Gläser Wein im Laufe des Abends für jeden Anwesenden. Alles serviert auf extra Geschirr (»koscher für Pessach«), während der Familienvorstand die »Haggada« vorliest, 2. Buch Moses, Kapitel 12 und 13. Dieses »Passahmahl« hat Jesus mit seinen Jüngern gefeiert. Sein christlich umgedeuteter Nachvollzug ist das Abendmahl. Wenn in katholischen und evangelischen Kirchen beispielsweise die »Osternacht« gefeiert wird, spielen die »Verschonung« durch das Blut des stellvertretend gestorbenen Opferlammes, die Befreiung aus der Sklaverei der Sünde, der Durchzug durch das Wasser (der Taufe) in ein Leben nach den Geboten Gottes und das Versprechen des ewigen Lebens eine wichtige Rolle.

Aber: Jüdisches Passah und christliches Ostern sind nicht dasselbe.

»Eine PÄPSTIN gab es wirklich«

Der Bestseller »Die Päpstin« von Donna W. Cross (Aufbau Verlag, Berlin 1998) griff eine Notiz aus der »Chronik der Päpste und Kaiser« des polnischen Dominikaners Martin von Troppau auf (gestorben 1297), der behauptete, im Jahre 855 n. Chr. sei ein gewisser Johannes Angelicus zum Nachfolger des Papstes Leo IV. gewählt worden. Dieser Johannes habe während einer Prozession in einer Gasse Roms plötzlich ein Kind entbunden, müsse also eine Johanna gewesen sein. Aufgegriffen wurde die Notiz in der »Universalchronik von Metz«, erschienen 1240 oder 1250, die diese erstaunliche Straßengeburt allerdings ins Jahr 1087 verlegt und Päpstin Johanna zum Nachfolger von Papst Viktor III. erklärt. In der lückenlosen und recht verlässlich dokumentierten Chronologie aller Päpste und Gegenpäpste des vatikanischen Archivs findet sich für das Jahr 855 n. Chr. ein Benedikt III. und ein »Anastasius Bibliotecarius« und für 1087 n. Chr. ein Urban II. Aber schön wär's schon gewesen ...

»PFARRERS KINDER und Müllers Vieh geraten selten oder nie«

Ist RTL-»Super-Nanny« Katharina Saalfrank, die pädagogische Task Force des Privatfernsehens, etwa nicht wohlgeraten? Eine Pfarrerstochter! (Ob sie auch schon mal in einem Pfarrhaus die verzogenen Gören zur Räson bringen musste, verschweigt die Höflichkeit.) Aber Angela Merkel, CDU, und Altbundespräsident Johannes Rau, SPD, und Rezzo Schlauch, der schwäbische Grüne, sind doch wohlgeratene Pfarrerskinder, oder? Hans W. Geisendörfer, der »Lindenstrassen«-Regisseur, und Peter Lohmeyer, der

Schauspieler, und Christian Tetzlaff, der Geiger, und Martin Kohlhausen, der Aufsichtsratsvorsitzende der Commerzbank – alle in evangelischen Pfarrhäusern aufgewachsen! Ganz zu schweigen von Gotthold Ephraim Lessing, dem Dichter (1729 bis 1781), Georg Christoph Lichtenberg, dem Physiker und Literaten (1742 bis 1799), Karl Friedrich Schinkel, dem Architekten (1781 bis 1841), Matthias Claudius, dem Journalisten (1740 bis 1850), Friedrich Schleiermacher, dem Theologen (1768 bis 1834), Alfred Brehm, dem Zoologen (1829 bis 1884), und Gertrud Bäumer, der Frauenrechtlerin (1873 bis 1954).

Und sage niemand, katholische Priester könnten – weil zölibatär – nicht mit wohlgeratenen Kindern aufwarten: Erasmus von Rotterdam, der große humanistische Philosoph und Theologe (1466 bis 1536), war ein nichteheliches katholisches Pfarrerskind.

Vielleicht kommt das Sprichwort aus dem 19. Jahrhundert, als sich die evangelischen Pastorensöhne Ludwig Feuerbach, Franz Overbeck und Friedrich Nietzsche zu führenden Religionskritikern und Gottesleugnern ihrer Zeit entwickelten. Oder sollte es auf Caesare und Lucrezia Borgia zurückgehen? Das waren die zwei verlotterten der insgesamt vier Kinder von Papst Alexander VI. (1431 bis 1503) ...

»Evangelische PFARRER tragen im Gottesdienst ein Lätzchen«

Evangelische Pfarrer tragen im Gottesdienst ein Beffchen. Auch bei Beerdigungen und überall da, wo sie im Talar auftreten. Ein einsetzbarer weißer Kragen mit zwei kurzen, schmalen, herunterhängenden Streifen vorne. Warum das aus dem mittelalterlichen Niederdeutsch stammende Wort nur im Diminutiv existiert (»Beffchen«) und noch nie ein ausgewachsenes »Beff« gesehen wurde, gehört zu den wenigen Mysterien der evangelischen Kirche.

Die ursprüngliche Funktion des Beffchens war nicht etwa Kleckerschutz beim Abendmahl, sondern es sollte den Talar schützen. Vor den – früher offenbar üblichen – fettigen Vollbart-Haaren des Pfarrers. Warum tragen dann auch Pfarrerinnen ein Beffchen?

»*Die schicken dich von* PONTIUS ZU PILATUS‹ *steht in der Bibel*«

Wörtlich so nicht. Aber wer für die Baugenehmigung seiner Terrassen-Teilüberdachung von deutschen Bürokraten tagelang zwischen den Amtsstuben hin- und hergeschickt wird, dem fällt zu Recht der römische Verwaltungsjurist aus dem Johannes-Evangelium, Kapitel 18 und 19 ein: Pontius Pilatus wird im Winter 26/27 n. Chr. auf Empfehlung des mächtigen Generals Sejanus in die Provinz Judäa berufen. Sejanus ist ein eiskalter Antisemit und hofft, dass sein Schützling da unten ein scharfer Hund wird.

Nun stehen in Judäa aber nur 2.500 Legionäre, und die Staatskasse ist leer. Ein Krieg gegen jüdische Aufständische wäre militärisch und finanziell unvernünftig. Kaiser Tiberius weist deshalb Pilatus an, den Juden größtmögliche kulturelle und religiöse Eigenständigkeit zuzugestehen und politisch eine weiche Linie zu fahren. Lediglich das »Ius Gladii«, das Recht zur Verhängung der Todesstrafe, muss in römischer Hand bleiben. Wie in der deutschen Wirtschaft heute: Ein Abteilungsleiter wird mit widersprüchlichen Vorgaben in seine neue Aufgabe geschickt.

Pilatus und seine junge Frau Procula sind vier Jahre in der Hafenstadt Caesarea, da wird daheim in Rom General Sejanus am 18. Oktober 31 mitten in einer Senatssitzung verhaftet, der Verschwörung gegen Kaiser Tiberius angeklagt und wenige Tage später enthauptet. Der 72jährige Herrscher hatte das Stuhlsägen offenbar gehört. Eine Säuberungswelle gegen alle Sejanus-Schützlinge rollt durch das römische Reich. Pontius Pilatus – inzwischen Statthalter in Jerusalem – kann sich nur durch absolut pro-jüdische Politik beim Kaiser beliebt machen und seine Karriere, wenn nicht gar seinen Hals, retten!

In dieser Situation bringen die Tempel-Oberen und Schriftgelehrten einen gewissen Jesus von Nazareth zu ihm, dessen Vergehen – »er behauptet, Gottes Sohn zu sein« – nach römischem Recht gar nicht justitiabel ist.

»Daraufhin sagte Pilatus: Nehmt ihn und richtet ihn nach Euren eigenen Gesetzen!« (Johannes-Evangelium Kapitel 18, Vers 31 a) Problem delegiert, Problem gelöst. Die Ankläger spielen den Ball zurück: »Es ist uns aber nicht erlaubt, jemanden zu töten.« (Johannes-Evangelium Kapitel 18, Vers 31 b) Das »Ius Gladii« bleibt in römischer Hand, hatte Tiberius verfügt, richtig. Da kommt dem Beamten Pilatus eine zweite Idee, wem er diesen Fall weiterreichen könnte: »Und da er vernahm, dass Jesus aus Galiläa sei, schickte er ihn zu Herodes.« (Lukas-Evangelium Kapitel 23, Vers 6) Für Galiläa ist nämlich der von Rom abhängige jüdische Regionalherrscher zuständig. Doch der »hat ihn zu mir zurückgeschickt, denn er findet keine Schuld an ihm«, muss Pilatus bald feststellen (Lukas-Evangelium Kapitel 23, Vers 15).

Also verhört er den beschuldigten Jesus, »findet keine Schuld an ihm« und macht deshalb dem unruhig werdenden Volk vor seinem Palast einen Vorschlag: »Es besteht doch der Brauch bei Euch, dass ich zum Passahfest einen Gefangenen freilasse. Wollt Ihr, dass ich Euch den König der Juden ...« (Johannes-Evangelium Kapitel 18, Vers 38) Religiöse und kulturelle Eigenständigkeit zugestehen, hatte Kaiser Tiberius empfohlen!

»Sie aber schrien: Nicht diesen, sondern Barrabas, den Räuber« (Vers 40).

Pilatus wollte ein Problem loswerden und hat sich ein zusätzliches aufgehalst.

Jetzt läuft Barrabas frei herum und Jesus soll gegen Recht und Gesetz getötet werden.

Pilatus verhört Jesus ein zweites Mal, diesmal zeit- und landesüblich unter der Folter, findet immer noch keinen Straftatbestand und »versuchte, Jesus freizulassen. Die Juden aber schrien: Wenn Du diesen freilässt, bist Du des Kaisers Freund nicht mehr!« (Johannes-Evangelium Kapitel 19, Vers 12)

Das sitzt. Der Mob auf der Straße kennt offenbar die Karriere-Klemme, in der Pontius Pilatus steckt, und nimmt den Statthalter des Kaisers in den Schwitzkasten. »Als Pilatus sah, dass es nichts nützte, sondern dass ein heftiger Tumult entstand, nahm er Wasser, wusch sich vor dem Volk die Hände und sagte: »Ich wasche meine Hände in Unschuld. Sehet Ihr zu! Und er überließ ihnen Jesus zur Kreuzigung« (Matthäus-Evangelium Kapitel 27, Vers 24).

Sprichwörtlich »von Pontius zu Pilatus geschickt« wird man, wenn Entscheidungsträger nicht entscheiden wollen, wenn sie aus Personalklüngel- und Abhängigkeitsverhältnissen heraus lange herumeiern und schließlich kläglich kneifen oder gar das Recht beugen.

»Der Berg PILATUS bei Luzern ist nach Pilatus benannt«

Da streiten die Historiker.

Version A: Procula, die Frau des Pontius Pilatus, hatte ja schon während des entgleisten Gerichtsprozesses in Jerusalem ihren Mann davor gewarnt, Jesus zu verurteilen (Matthäus-Evangelium Kapitel 27, Vers 19). Sie haben sich später unter den »Freunden des Hauptmanns Kornelius in Caesarea« befunden, als Petrus in dessen Haus predigte und »der Heilige Geist auf alle fiel, die das Wort hörten« (Apostelgeschichte Kapitel 10, Vers 44), und sich so zum Christentum bekehrt. Als ihr Mann im Jahre 37 n. Chr. nach Rom zurückbeordert wurde, habe sie dort die Christengemeinde im Hause von Aquila und Priscilla besucht (Römerbrief Kapitel 16, Vers 3) und später auch die Katakomben-Gottesdienste. Das behauptet jedenfalls Kirchenvater Origines im 4. Jahrhundert.

Für die älteste christliche Kirche des Orients, die koptisch-äthiopische, ist Procula eine Heilige, derer man am 25. Juni gedenkt.

Historiker Euseb aus Caesarea schreibt im 3. Jahrhundert, die religionsverschiedene Ehe mit seiner christusgläubigen Frau sei für Pilatus persönlich unerträglich und beruflich untragbar geworden. Die Scheidung von ihr hat aber den Tiberius-Nachfolger und geistesgestörten Kaiser Caligula nicht wirklich überzeugt: Statt Pontius Pilatus für seine Verdienste in Judäa mit einem Senatssitz in Rom zu belohnen, habe er ihn an den kalten A ... der Welt entsandt: in die Provinz Helvetien. Nach Luzern. Dort, als frierender Provinzprokurator, habe sich Pilatus schließlich das Leben genommen.

Die Schweizer sponnen die Legende munter fort: An jedem Karfreitag steige Pilatus aus seinem Grab und wasche seine blutigen Hände im kleinen See neben der Brünlen-Alp am Berg Pilatus. Bis 1518 war es deshalb verboten, den Pilatus zu besteigen. 1555 kletterte der Züricher Naturforscher Conrad Gessner hinauf, 1594 wurde der See auf der Brünlen-Alp trockengelegt.

Version B: »Pila«, lateinisch, heißt Säule oder Speerspitze, altromanisch »pilleatus« bedeutet »mit einer Kappe bedeckt«. Sprachwissenschaftler vermuten, der Hausberg von Luzern hieß ursprünglich schlicht und einfach »wolkenbedeckte Spitze« und habe nichts mit dem Mann zu tun, der Jesus kreuzigen ließ.

R

»Reliquien *von Heiligen werden verehrt*«

Die Reliquien – also körperliche oder andere materielle Überbleibsel berühmter Christen – und die Erinnerung an ihre Träger genießen hohe Wertschätzung. Die toten Heiligen selbst hat man jedoch respektlos gefleddert: Schon das Einsammeln der Überreste des »zu Tode gebackenen« Polykarp von Smyrna 167 n. Chr. dürfte recht unappetitlich gewesen sein.

Bischof Bernward von Hildesheim pilgerte im Jahre 996 n. Chr. nach Rom, öffnete den Sarg des heiligen Timotheus und brach in aller Eile einen Arm heraus. Weil es in der Volksfrömmigkeit des Mittelalters wie ein heilsspendendes Sakrament aufgefasst wurde, die Knochen eines Heiligen zu berühren, wollte möglichst jede größere Stadt ein paar haben. So setzte man sich ab etwa 1100 n. Chr. unbekümmert über die Totenwürde hinweg und köpfte, amputierte und entzahnte die verstorbenen Heiligen bis in alle Einzelteile.

»RELIQUIENVEREHRUNG gab's nur im Mittelalter«

Reliquien werden heute vielleicht mehr denn je verehrt: Der VW Golf des – führerscheinlosen – Papstes Benedikt XVI. wurde in den Wochen nach seiner Wahl im April 2005 über ebay für 190.000 Euro versteigert. Archäologe Giorgio Filippi grub sich im Sommer 2005 durch das tonnenschwere Fundament der Basilika »San Paolo fuori le mura« in Rom bis zu einem »gut erhaltenen rosafarbenen Sarkophag« durch, in dem er die Gebeine des Apostels Paulus vermutet. Sollte sich das bestätigen, rechnet Italiens Tourismusbehörde mit einem erheblichen Anstieg der Besucherströme.

Von 800.000 Pilgern jährlich lebt die Stadt Lisieux in der Normandie, wo die junge Nonne Therese 1897 starb und schon 1925 heiliggesprochen wurde. Hauptattraktion von Lisieux ist die Vitrine mit den Haaren, die ihr beim Eintritt ins Kloster geschoren worden waren. Offenbar wusste man schon vorher, wie »heilig« Therese einmal werden würde ...

Auf dem Cibolum-Altar der »Basilica di Santa Croce di Gerusalemme« in Rom steht eine Vitrine aus kugelsicherem Glas, in der befinden sich seit November 1997: drei Holzsplitter vom Kreuz Jesu, ein Nagel, zwei Dornen aus der Dornenkrone, Kieselsteinchen aus Bethlehem und Jerusalem, ein Finger des Apostels Thomas und die I.N.R.I.-Tafel, die man über Jesu Kopf am Kreuz befestigt hatte. Anfang Mai 1999 trafen sich Pathologen, Physiker, Archäologen, Paläobotaniker und Theologen an der Päpstlichen Lateran-Universität in Rom zu einem »Internationalen Kongress über die Reliquien Christi« und verurteilten als unecht: den Milchzahn des neunjährigen Jesusknaben im St. Medarduskloster von Soisson/Frankreich, die Tränen Jesu in der Kathedrale von Vendôme/Frankreich, das Tischtuch des letzten Abendmahls Jesu sowie seine Barthaare in österreichischen und slowakischen Kirchen. Muttermilch aus dem Busen Mariens – aufbewahrt im frühchristlichen Byzanz – war bereits im Streit zwischen der west- und der oströmischen Kirche als »unecht« verdammt worden.

In Trier, Köln, Paris, Wien, Siena, Mailand, Monza und Rom liegen zusammengerechnet 36 Nägel, mit denen der Leib des Herrn ans Kreuz geschlagen wurde. Allein in spanischen Kathedralen finden sich 53 Dornen aus der Dornenkrone. Das geheimnisvolle »Turiner Grabtuch« Jesu ist nur das berühmteste von mindestens vier »Tuniken Christi«, die in Trier, Argenteuil/Frankreich und Mzecheta/Georgien gezeigt werden. Heute noch, wohlgemerkt.

»RELIQUIENVEREHRUNG gibt's nur in der katholischen Kirche«

Reliquienverehrung gibt es auch außerhalb der katholischen Kirche: Im Londoner Auktionshaus Sotheby's ist die Versteigerung moderner »Memorabilien« ein besonders gutes

Geschäft, und das nicht nur, wenn Gitarren von Rockstars oder Schuhe von Fußball-Legenden unter den Hammer kommen: Das Leichentuch der argentinischen Politikerin Evita Peron ging für 130.000 Euro an einen Deutschen, die Aktentasche von US-Präsident John F. Kennedy wechselte 1998 für 700.000 Dollar den Besitzer. Zum Vergleich: Original Haare von US-Präsident Ronald Reagan wurden 2005 bei ebay für 200 Euro angeboten.

Keine Reliquien und keinen Reliquienkult gibt es nur in der evangelischen Kirche: »Lüge, närrische Täuschung mit Hunds- und Pferdeknochen, ein Betrug, über den der Teufel gelacht hat«, nannte Martin Luther in seinen »Schmalkadischen Artikeln 1537 das magisch erwartungsvolle Verehren frommer Memorabilien.

»Den ROSENKRANZ beten auch die Muslime, nur öfter«

Wenn muslimische Männer eine Perlenkette zwischen Daumen und Zeigefinger bewegen, erinnern sie sich anhand der 33 Perlen an die 99 Namen Allahs im Koran: Der Einzige, der Starke, der Verzeihende, der Allwissende usw.

Ein Gebet, das sich ausgerechnet an eine verehrungswürdige Frau (!) wendet, ist die muslimische Perlenkette nicht.

Wenn Katholiken die 58 Perlen des Rosenkranzes durch die Finger gleiten lassen, beginnen sie mit dem Glaubensbekenntnis, bitten um Glaube, Hoffnung und Liebe, sprechen an jeder der fünf größeren Perlen ein Vaterunser und an den je zehn kleineren Perlen dazwischen ein »Ave Maria«. Zehn der insgesamt 49 »Ave Marias« werden mit je einem »Jesus-Geheimnis« verbunden und zwar während der Weihnachtszeit im »freudenreichen«, in der Passionszeit im »schmerzensreichen« und im Rest des Jahres im »glorreichen« Rosenkranzgebet.

Aus dem Islam mitgebracht und christlich-marianisch »eingefärbt« haben das die Kreuzritter zwischen dem 10. und dem 13. Jahrhundert. Was einfach war, da man hierzulande bereits an Hand von »Paternosterschnüren« das Vaterunser memorierte. Erst seit 1573 bekam das Rosenkranzgebet seine heutige festgelegte Form. Martin Luther und die Protestanten lehnten es als magisches Beschwörungsritual mit der Tendenz zum gedankenlosen Herunterleiern ab.

»Es ist ein Ros' entsprungen, steht in der Weihnachtsgeschichte«

Kein Wort von einer Rose. Nicht mal in der alttestamentlichen Ankündigung der Ankunft des Messias, beim Profeten Jesaja, Kapitel 11, Verse 1 und 2: »Und es wird ein Reis hervorgehen aus dem Stamm Isais und ein Spross seiner Wurzel wird Frucht tragen.« Isai war der Vater König Davids, David war einer der Vorfahren des Zimmermanns Josef aus Nazareth, Jesus wurde in dessen Familie geboren, kam »aus einer Wurzel zart«, wie es im Weihnachtslied heißt.

Warum aus dem Reis ein Ros, aus Reisig ein Röslein wurde?

Die älteste Niederschrift des Liedes findet sich im handschriftlichen Gebetbuch des Frater Conradus aus dem Jahre 1587 im Stadtarchiv von Trier. Angeblich habe Konrad das Lied aus dem Benediktinerkloster Corvey an der Weser mitgebracht, das zum Bistum Hildesheim gehörte, wo wiederum der »tausendjährige Rosenstock« alljährlich blühte. Oder Konrad hatte einen Steckling jener Christrosen ergattert, die »mitten im kalten Winter« in Bethlehem blühten, als die Tränen der gerührten Hirten auf die Erde fielen.

Das mit den Tränen könnte stimmen: »Heleberus Niger«, die »schwarze Nieswurz«, reizt die Schleimhäute. Die Christrose ist gar keine Rose, sondern ein Hahnenfußgewächs, sie ist giftig (»Vorsicht: Heleborin«), blüht nur relativ kurz, und auch das nur, wenn es lange genug kalt war. Aber Selma Lagerlöfs schwedische Legende vom Abt Johannes, der im Sterben noch eine Wurzelknolle aus dem Boden riss, die dann immer pünktlich zu Weihnachten auf seinem Grab blühte; ihr zartes Weiß oder Blassrosa, das sich durch die Schneedecke kämpft, und Lieder wie »Es ist ein Ros' entsprungen« machten die Christrose zu einer der beliebtesten und – teuersten Blumen der Weihnachtszeit.

Man braucht kein Prophet zu sein wie der biblische Jesaja, um vorauszusagen, dass Christrosen in Zukunft noch teurer werden, weil im Zuge der Klimaerwärmung gefrorene Böden vor Weihnachten immer seltener werden.

S

»Die SCIENTOLOGY *Church ist eine Kirche«*

Als »Kirchen« bezeichnet man in den meisten europäischen Ländern nur religiöse Gemeinschaften und Institutionen, deren Mitglieder sich als Gegenüber zu einer übermenschlichen, »transzendenten« Macht verstehen und diese auch als ein personal gedachtes Wesen ansprechen. Religion meint Rückbezug und Hoffnung auf jemanden, der nicht an menschliches Vermögen oder innerweltliche Bedingungen gebunden ist. Die von Ron Hubbard in den USA gegründete »Scientology«-Bewegung hingegen anerkennt keine Macht oder Größe, die per Definition alles Menschenmögliche übersteigt, sondern strebt lediglich danach, die Möglichkeiten des Menschen zu erweitern.

Vereinfacht gesagt: Scientologen »beten« zu niemandem und »empfangen« auch von niemandem Taufe, Abendmahl oder Segen. Alleiniger Träger aller Hoffnungen und alleiniger Bezugspunkt aller Kommunikation ist und bleibt der Mensch. Basta. Der soll nun allerdings durch Schulung seines Denkens und Diszplinierung seines Verhaltens auf vielen »Entwicklungsstufen« seines Bewusstseins zum »Operative Thetan«, zu einer Art Übermensch, werden.

Weil das Wort »Church« weder in den USA noch in Deutschland ein urheberrechtlich geschützter oder juristisch einklagbarer Begriff ist, »darf« sich die Scientologen-Gemeinschaft »Kirche« nennen, obwohl sie es nach abendländischem Religionsverständnis natürlich nicht ist, sondern fast alle Kennzeichen einer Sekte hat.

»Die schwarze Madonna ist eigentlich die Königin von SABA«

Es gibt etliche schwarze Marien-Ikonen in Europa. Und es gibt elf Verse im 1. Königebuch des Alten Testaments (wiederholt im 2. Buch der Chronik), da besucht eine namentlich nicht genannte »Königin von Saba« den weisen Salomo in Jerusalem. Der ist so hin und weg von ihr, dass »er ihr alles gab, was sie begehrte« (1. Könige 10, 11). Was das wohl gewesen sein mag?

Beide haben aber nichts miteinander zu tun. Die Königin von Saba und die Madonna meine ich. Ob das biblische »Saba« den heutigen Jemen oder das Land Äthiopien meint – in beiden Fällen wäre Ihre Majestät eine schwarze Schönheit gewesen –, das wissen Historiker nicht genau. Wovon die Madonna aus Kloster Einsiedeln in der Schweiz beispielsweise schwarz ist, das weiß man genau: Vom Ruß der Kerzen, Öllampen und Weihrauchkessel, der sich von 1465 bis 1798 auf ihrem Gesicht abgelagert hatte. Über 330 Jahre lang, immerhin. Als französische Soldaten im Mai 1798 die Gnadenkapelle von Einsiedeln zerstörten und das berühmte Marienstandbild nach Paris brachten, erbeuteten sie eine Kopie: Placidus Kälin, besitzsichernd und vorausschauend wie viele Helvetier, hatte die schwarze Madonna vorher in einem Stall versteckt, später vergraben und dann in ein Kloster nach Bludenz geschmuggelt. In Österreich restaurierte man sie, bis ihre Stirn wieder weiß und ihre Wangen rosa glänzten. Dann brachte man sie über Triest nach Einsiedeln zurück. Doch die Gläubigen streikten. Ihre Maria sollte bitte aussehen wie immer. Um den Pilgertourismus nicht zu schmälern und finanziellen Schaden vom Schweizer Volke abzuwenden, übermalte man die Madonna dunkel. Das war 1803.

Und 200 Jahre Kerzenruß taten seither ihr Übriges ...

»Die Rede des Häuptling SEATTLE ist von Häuptling Seattle«

»Erst wenn der letzte Baum gefällt, der letzte Fisch gefangen und alles Wasser vergiftet ist, werdet Ihr merken, dass man Geld nicht essen kann.«

Eine Art Ur-Text der Ökologiebewegung. Auf Millionen »Greenpeace«-Autoaufklebern, Postern, T-Shirts und Postkarten prangte der Spruch. Zierte jede Uni-Pinnwand und jeden Hausflur deutscher »Grünen«-Wähler.

»Was die Erde befällt, befällt auch bald ihre Söhne und Töchter.« Ein mahnendes, ein anrührendes Wort. Immer stand drunter: »Rede des Häuptling Seattle«. Geschrieben hat sie aber der weiße texanische Filmregisseur Ted Perry aus Dallas/Fort Worth im Jahr 1971.

Doch der Reihe nach: Die schön gelegene Stadt Seattle an der nordwestamerikanischen Pazifikküste, u. a. Sitz der Firma Microsoft, hat ihren Namen von einem Häuptling der Duwamish-Indianer, der 1830 zum katholischen Glauben konvertiert war. 1855 nun wollte Militärgouverneur Stevens Land von ihm kaufen und nahm zur Verhandlung den Arzt Dr. Maynard mit. Im Nationalarchiv der USA in Washington liegen zwei kurze Protokollnotizen über dieses Gespräch, und darin steht: Häuptling Seattle sagt, er könne das Land nicht verkaufen, weil es gar nicht ihm, sondern allen Söhnen der Erde gehöre. Angesichts der militärischen

Übermacht der Weißen sei er aber bereit, mit seinem Stamm auf die Insel Bainbridge auszuweichen. Unter der Bedingung, dass Dr. Maynard weiterhin kostenlos Medikamente schicke. Ende des Protokolls.

Häuptling Seattle sprach in seiner Muttersprache Lushotseed. Übersetzt wurde das ins Chinook, einer Mischung aus Indianisch und Pidginenglisch, und protokolliert wurde es in Amtsenglisch. Kurz: Was der Mann genau sagte, ist nicht mehr rekonstruierbar.

Am 29. Oktober 1897 geißelt ein Dr. Henry A. Smith in der Zeitung »Seattle Sunday Star« die Bauwut und den Landschaftsverbrauch der Eisenbahn- und Telegrafengesellschaft. Etwas verquast und pathetisch, aber ganz im Lesergeschmack seiner Zeit schreibt Smith: »Erst wenn alle heimlichen Winkel des Waldes und alle reifen Hügel geschändet sind von den sprechenden Drähten, wird man der Jagd Lebewohl sagen müssen, und das wird das Ende des Lebens sein.« Unterschrieben ist der Artikel mit »H. S., Seattle«.

Diesen Zeitungsausschnitt findet 1969 ein William Arrowsmith, Literaturhistoriker an der Universität Dallas/Fort Worth in Texas und zeigt ihn seinem Freund Ted Perry. Ted Perry dreht nämlich gerade im Auftrag des Kirchenbundes der Südstaaten-Baptisten einen Umweltschutz-Film namens »Home«. »Ich habe dann den Filmtext im Stil einer indianischen Häuptlingsrede weitergeschrieben, weil die Baptisten fanden, das sei eine Art amerikanische Parallele zum Sonnengesang des Franz von Assisi.«

In der Tat: »Die Erde verletzen heißt den Schöpfer missachten« hatte der Heilige Franz gesagt. Und wo doch dieser Pazifik-Indianer katholisch war ...

»Als ich mich im Abspann als Autor nennen wollte«, erzählt Ted Perry, »meinte die Produktionsfirma, es wirke authentischer, wenn die Zuschauer vermuten, alles sei von Chief Seattle. Ich schlug vor, wenigstens meinen Künstlernamen John C. Stevens zu nennen, den ich für andere Filme verwendet hatte.«

So geschah es. Auf der Weltausstellung in Spokane/Washington 1974 wurde der Film »Home« im amerikanischen Pavillon gezeigt. Der Text stammte jetzt von »John C. Stevens«. Und das, so sind historisch interessierte Kinobesucher bald überzeugt, konnte ja nur jener Militärgouverneur Stevens sein, der 1855 mit Chief Seattle verhandelt hatte!

1982, auf dem Höhepunkt der deutschen Anti-Atomkraft-, Friedens- und Umweltbewegung, erscheint im Walter-Verlag Freiburg eine kleine Broschüre unter dem Titel: »Wir sind ein Teil dieser Erde. Die Rede des Häuptling Seattle vor dem US-Präsidenten 1855«. Herr Stevens war posthum bereits befördert worden. Das Büchlein erlebte in 10 Jahren 11 Auflagen, verkaufte sich rund 550.000 Mal und der katholische Theologe Eugen Drewermann schrieb ehrfurchtsvoll: »Es ist eine Rede, die der Naturfremdheit der Weißen ein letztes Mal die Majestät und Heiligkeit der Schöpfung sowie die Religiosität der vermeintlich Wilden gegenüberstellt.«

Amen.

»Die SIXTINISCHE KAPELLE war Michelangelos sechste, die er ausmalte«

Als Michelangelo Buonarotti die 180 Quadratmeter große Altarwand der Vatikanischen Hofkapelle in Rom mit dem »Jüngsten Gericht« und die Decke mit der »Erschaffung Adams« bemalte – womit er die zwei größten zusammenhängenden Fresken der Welt geschaffen hatte –, war er 61

Jahre alt und hatte schon mehr als sechs Kapellen ausgestaltet.

»Sixtinisch« heißt der Saal, in dem das Konklave stattfindet, weil er zwischen 1471 und 1481 unter Papst Sixtus IV. erbaut wurde.

»STERNSINGER *sind rührend*«

Aber noch nicht seit langem. Alljährlich um den 6. Januar herum ziehen rund 100.000 Kinder als »Heilige Drei Könige« verkleidet singend von Tür zu Tür, sammeln Spenden für Dritte-Welt-Projekte des Päpstlichen Missionswerks und schreiben mit Kreide an den Türrahmen: C + M + B. Was sowohl »Caspar, Melchior und Balthasar« heißt als auch »Christus Mansionem Benedicat«, Christus segne dieses Haus. Schön. Schön rührend.

1511 jedoch klangen die Sternsingerlieder zumindest in Franken wie eine nachweihnachtliche Schutzgelderpressung: »Krapfen raus, Krapfen raus oder i stich enk a Loch ins Haus!« Vom Hochmittelalter bis zum frühen 17. Jahrhundert waren die »Klöpflgeher« – also Kinder, die klopfen gehen – »Maidlin und Knabn, welche Öpfel, Biren und Penning erbaten«. Ohne Gesang oder die Absicht, den Erlös an irgendwen weiterzuspenden. Erst im Dreißigjährigen Krieg (1618 bis 1648) kamen Verkleidungen, Gesänge und geschwärzte »Mohren«-Gesichter dazu. Aus eher praktischen denn aus religiös weihnachtlichen Gründen: Im Halbdunkel der kienspanbeleuchteten Hausflure waren die Bettelkinder kaum zu identifizieren, ihr Gesang lenkte minutenlang ab und die weiten Gewänder boten hinreichend Stauraum ...Auch für unfreiwillig Gespendetes. Die Kriegswaisen der napoleonischen Kriege und die Straßenkinder aus dem verarmten Industrieproletariat des 19. Jahrhunderts traten bisweilen als »drei Sternsinger« vorne ins Bauernhaus, während der Rest der Kinderbande sich hinten im Stall und in der Vorratskammer bediente.

»Alle SONNTAGE im Jahr haben einen besonderen Namen«

Nicht alle. Ab dem 6. Januar (»Dreikönig« oder »Epiphanias«, Erscheinungsfest) heißen sie schlicht »erster, zweiter, dritter etc. Sonntag nach Epiphanias«, dann kommt »Septuagesimä« (70 Tage vor Ostern) und »Sexagesimä« (60 Tage vor Ostern), und danach bildet jeweils das erste lateinische Wort des für diesen Tag vorgesehenen Psalmverses den Sonntags-Namen: »Estomihi« (»Sei mir ein starker Fels«, Psalm 31,3), »Invocavit« (»Er ruft mich an, darum will ich ihn erhören« Psalm 91,15), »Reminiscere« (»Gedenke, Herr, Deiner Barmherzigkeit«, Psalm 25,6), »Oculi« (»Meine Augen sehen stets auf den Herrn« Psalm 25,15), »Laetare« (»Freuet Euch mit Jerusalem«, Psalm 66,10), »Judica« (»Schaffe mir Recht, Herr«, Psalm 43,1) und »Palmsonntag« in Erinnerung an den mit Palmwedeln bejubelten Einzug Jesu in Jerusalem.

Nach Karfreitag und Ostersonntag folgen »Quasimodogeniti« (»Wie neugeborene Kinder«, 1. Petrus 2,2), »Misericordias Domini« (»die Erde ist erfüllt von der Güte des Herrn«, Psalm 33,5), »Jubilate« (»Jauchzet dem Herrn, alle Lande«, Psalm 66,1), »Cantate« (»Singet dem Herrn ein neues Lied«, Psalm 98,1), »Rogate«, der Gebets-Sonntag, »Exaudi« (»Höre meine Stimme, Herr« Psalm 27,7) und das Pfingstfest. Der erste Sonntag nach Pfingsten heißt »Trinitatis« (Dreieinigkeit) und dann wird nur noch gezählt:

Erster, zweiter, dritter etc. »Sonntag nach Trinitatis« bis zum »Ewigkeitssonntag« oder auch »Totensonntag«, meist Ende November, der das Ende des Kirchenjahres markiert. Der erste Advent ist für kalenderbewusste Christen eigentlich Neujahr. Es soll Pfarrer geben, die die Reihenfolge der sechs Fastenzeit-Sonntage vor Ostern (ab »Invocavit« bis »Palmsonntag« also) anhand der Eselsbrücke »In Rechter Ordnung Lerne Jesu Passion« auswendig hersagen können. Es soll Jäger geben, die die Rückkehr gewisser Zugvögel nach dem Spruch »Oculi, da kommen sie« terminieren. Und es soll Leute geben, denen dies alles wurscht ist. Weil sich ihr Jahreskalender nach den Samstagen der Fußball-Bundesliga strukturiert ...

»Der TALAR hat sich überlebt«

Dass »unter den Talaren der Muff von tausend Jahren« zum Himmel stinke, war der Vorwurf der 68er-Studenten gegen ihre (oft nahtlos aus dem Dritten Reich übernommenen) Professoren! Nicht gegen Pfarrer.

Ob ein groß gewachsener Pfarrer im langen schwarzen Gewand den Kleinen im Kindergottesdienst Angst macht (»schwarzes Gespenst«; »Todesbote«) darf im Zeitalter von

Computerspielen und Harry-Potter-DVDs füglich bezweifelt werden. Sie ist unpraktisch, die aus dem spätrömischen Beamtentum stammende knöchellange Tunika in Schwarz oder Anthrazit, sicher. Weil sich ihr weiter Rockwurf und die trichterbreiten Schlabberärmel gern an Türklinken, Notenständern und Altarblumen verheddern oder schon mal im Vorübereilen die eine oder andere schlanke Kerze abräumen. »Überlebt« hat sich die offizielle Amtstracht eines evangelischen Pfarrers trotzdem nicht, weil sie ihn bei Gottesdiensten, Beerdigungen oder festlichen Anlässen als autorisierten Pfarrer und Repräsentanten seiner Kirche erkennbar macht. Wie der weiße Kittel den Arzt oder die grüne (demnächst blaue) Uniform den Polizisten. Erst wenn die Putzfrau sagt: »Ach, Herr Talar, Ihr Altar liegt dort auf dem Vikar« – dann wird es Zeit, den Sinn des schweren schwarzen Sacks zu erklären.

»Das TALIONSPRINZIP ›Auge um Auge, Zahn um Zahn‹ ist grausam«

Kein Irrtum. Aber: Bevor das Judentum es im vorstaatlichen Israel einführte, galten unbegrenzte Blutrache und private Lynchjustiz mit willkürlich festgelegtem Strafmaß.

»Wenn jemand einen Stammesgenossen verletzt, soll man ihm antun, was er getan hat: Einen Bruch für einen Bruch, ein Auge für ein Auge, ein Zahn für einen Zahn.« So steht's im 3. Buch Mose Kapitel 24, Vers 18, und dieses Gebot war nicht die Aufforderung zur Rache, sondern die maßvolle Begrenzung der Rache. Eine – für damals geltende Verhältnisse – »moderne« Humanisierung der Vergeltung. »Talionsprinzip« wurde es deshalb genannt, weil das lateinische »talis« »so beschaffen« meint, »kongruent«, »entsprechend«.

Das spätere, staatlich verfasste Judentum hat selbst dieses Prinzip noch im Talmud relativiert: Statt der entsprechenden Vergeltung müsse der Geschädigte eine »angemessene Geldzahlung« als Genugtuung bzw. Wiedergutmachung akzeptieren (Bawa kamma 83/84 b).

»Die TAUFE ist eine Art Eintrittskarte zum Himmel«

Dann wäre es gleich, ob jemand an Gott glaubt, Jesus Christus vertraut, sich zur Kirche zugehörig fühlt und um einen »christlichen« Lebensstil bemüht ist – Hauptsache getauft?!

Reinigungsriten gibt es in beinahe allen Religionen, aber erst »Johannes der Täufer« im 1. Jahrhundert vollzog das Untertauchen oder Begießen von Menschen, die ausdrücklich ihre innere Umkehr (»Buße«) und ihre Bereitschaft zu einem Leben nach Gottes Geboten (»Gehorsam«) bekunden wollten und durch diese »heilige Handlung« auf das kommende »Reich Gottes« vorbereitet wurden. Jesus von Nazareth ließ sich von Johannes im Jordan taufen (Matthäus-Evangelium Kapitel 3, Vers 13) und sandte seine Jünger in die Welt, zu »lehren und zu taufen« (Matthäus-Evangelium Kapitel 28, Verse 18 bis 20).

Gedeutet, das heißt mit Inhalt gefüllt, wird die Taufe schon in den Schriften des Neuen Testaments sehr unterschiedlich – als Abwaschung von Sünden, als Geburt des »spirituellen« neuen Menschen aus Wasser und Geist, als Versiegelung vor dem Endgericht, als Eintauchen in die Gemeinschaft der Jesusnachfolger – nie aber als eine Art Versicherungspolice für den Himmel.

Weil einerseits in vielen Tauferzählungen des Neuen Testaments erst die »Bekehrung« eines Menschen, dann sein bewusstes »Glaubensbekenntnis« und dann die Taufe berichtet wird, haben bis ins 5. Jahrhundert hinein die meisten frühchristlichen Kirchen nur Gläubige getauft (fälschlicherweise als »Erwachsenentaufe« bezeichnet, weil es nicht auf das »erwachsen sein« ankommt, sondern auf das »bekennend gläubig sein«).

Weil andererseits in vielen Tauferzählungen des Neuen Testaments aber berichtet wird, dass sich Bekehrte »mit ihrem ganzen Haus taufen ließen« (z. B. Apostelgeschichte Kapitel 11, Vers 14, oder Kapitel 16, Vers 15) und man darunter auch Kinder vermutete, weil man obendrein die »Erb«-Sünde jedes Menschen von Anfang an »abwaschen« wollte, wurde es ab dem 4. Jahrhundert üblich, Säuglinge zu taufen. Kirchenvater Augustinus begründete das damit, dass die »Vermittlung des Heils durch die Gemeinde« auch dann gültig sei, wenn der Getaufte erst später durch kirchliche Unterweisung zu einem öffentlich bekennbaren Glauben fände. Martin Luther begründete die Kindertaufe mit dem Hinweis auf die »vorauslaufende und voraussetzungslose Gnade Gottes« und den »stellvertretenden Glauben der Eltern und Paten«.

Nicht verhindern konnten beide, dass in den Jahrhunderten extrem hoher Kindersterblichkeit natürlich die Sorge um das Seelenheil der ungetauft Verstorbenen im Vordergrund stand und so in der allgemeinen Volksfrömmigkeit die Taufe als »Himmelsticket« missverstanden wurde.

Die Polemik gegen die Kindertaufe (»Zwangsbeglückung Unmündiger«, »Schluckimpfung«, »Schlaf-Taufe«) und die Polemik gegen die Gläubigentaufe (»Zertifikat fürs Frömmigkeitsexamen«, »moralischer Ritterschlag«, »anmaßende Vereinnahmung der Gnade Gottes«) sind leiser und sachlicher geworden. Einig waren und sind sich bis heute alle christlichen Kirchen, dass die Taufe ein einmaliger, unwiederholbarer Akt ist.

Der Vorwurf, »Wiedertäufer« zu sein (also kindsgetaufte Menschen als Gläubige noch einmal zu taufen), wird beispielsweise von den evangelischen Freikirchen damit zurückgewiesen, indem sie entweder a) die Kindertaufe nicht als gültige Taufe anerkennen und somit, ihrem Verständnis nach, jeden Menschen zum ersten und einzigen Mal taufen, oder b) indem sie auch jene Menschen in die Gemeinde aufnehmen, die ihre Kindertaufe rückwirkend als die »gültige« erkannt haben.

Aus einer Kirche formal austreten darf nach dem Reichsgesetz von 1921 jeder religionsmündige Bürger ab 14 Jahren. Seine Taufe jedoch – die ist dadurch weder theologisch noch staatskirchenrechtlich annulliert.

»Strenge Juden und Muslime sind TIERQUÄLER«

Hinter diesem pauschalen Vorurteil steckt die Vorstellung, das religiös geforderte rituell korrekte »Schächten« von Schlachtvieh sei für die Tiere schmerzhafter als der maschinelle Bolzenschuss in deutschen Schlachthöfen.

Tatsächlich ist die Art und Weise, wie ein Schaf oder Rind zu Tode kommt, für gesetzestreue Juden entscheidend dafür, ob sein Fleisch »koscher« ist und den Essenden nicht »verunreinigt«. Das Blut des Tieres gilt als Sitz seiner Seele, (dass Tiere eine Seele haben, wird also vorausgesetzt), die darf nicht beschädigt werden und die will man sich auch nicht »einverleiben«. Alles kommt darauf an, dass das Schlachtvieh sofort und restlos ausblutet, weshalb man mit einem extrem scharfen Messer in einem blitzschnellen, tiefen

Schnitt und mit einem einzigen Zug die Kehle des Tieres durchtrennt. Anschließend untersuchen der »Schächter« und ein unabhängiger Prüfer das Fleisch auf Krankheiten, entnehmen bestimmte »erlaubte« Fleischteile und legen sie in Salz ein, um mögliches Restblut noch herauszuziehen. Ob das nun grausamer ist, als wenn gestresste Rinder panisch in ihren Boxen darauf warten, erschossen zu werden? Spätestens die »Gammelfleisch«-Skandale vom Winter 2005/2006 sollten Kritiker zumindest selbstkritischer gemacht haben ...

»Tschüss *ist ein arroganter norddeutscher Abschiedsgruß*«

Dass regionale Dialekte außerhalb ihres Sprach-Biotops mit ungünstigen Eigenschaften assoziiert werden (»Sächsisch klingt kleinbürgerlich«, »Berliner sind rotzfrech«, »Schwaben sind geizig«, »Bayerisch klingt grob«) sollte man nicht zu kollektiven Schuldzuweisungen ausufern lassen.

»In Hamburch sacht man tschü-hüss« heißt ein Schunkelschlager von der Waterkant, »das heißt Auf Wiedersehen« – schon der zweite Halbsatz dieses Liedes ist falsch: »Tschüss« kommt vom niederländischen »adjus« und war das von den Franzosen übernommene »Adieu«. In »Adieu« steckt noch hörbar das lateinische »Ad Deum« – zu Gott hin, mit Gott, Gott zum Gruße, Grüß Gott!

U

»Unbefleckte Empfängnis
bedeutet: Sex ist was Schmutziges«

Als Papst Pius IX. am 8. Dezember 1854 das Dogma von der »unbefleckten Empfängnis« Mariens verkündete, hatte er weniger die ästhetische oder die moralische Verurteilung männlichen Spermas im Sinn, sondern wollte betonen und erhob zum offiziellen Lehrsatz, dass die »Mutter Gottes« nicht wie alle natürlich Geborenen mit der Erbsünde »befleckt« gewesen sei. Wörtlich: »Die Lehre, dass die seligste Jungfrau Maria im ersten Augenblick ihrer Empfängnis durch das einzigartige Gnadengeschenk und Vorrecht des allmächtigen Gottes im Hinblick auf die Verdienste Jesu Christi, des Erlösers, von jedem Fehl der Erbsünde rein bewahrt blieb (!), ist von Gott geoffenbart und deshalb von allen Gläubigen fest und standhaft zu glauben!«

Auch wenn man – wie Millionen nichtkatholische Gläubige auf der Welt– dieses nun nicht »fest und standhaft glaubt«, sondern Jesus auch dann noch als den Erlöser bekennen könnte, wenn er von seinem irdischen Ziehvater Josef aus Nazareth gezeugt wäre: Pius meinte nicht mögliche postcoituale Flecken auf der Bettdecke, sondern Sünden auf der Seele.

»Der Papst hält sich für UNFEHLBAR«

Für unfehlbar als Person hält sich (hoffentlich) kein Papst. Am 17. August 2005, am Vorabend seiner ersten Auslandsreise, vergaß Benedikt XVI. bei der Generalaudienz im Sommersitz Castelgandolfo a) die Begrüßung der italienischen Gäste und b) den Schlusssegen.

»Entschuldigung, ich bin mit den Gedanken schon halb in Köln«, sagte er. Beim Weltjugendtag nämlich, der dort stattfand. Kann ja mal passieren.

»Wenn der römische Bischof in Ausübung seines Amtes als Hirte und Lehrer aller Christen kraft seiner höchsten apostolischen Autorität entscheidet, dass eine Glaubens- oder Sittenlehre von der gesamten Kirche festzuhalten ist, dann besitzt er mittels des ihm im seligen Petrus verheißenen göttlichen Beistands jene Unfehlbarkeit, mit der der göttliche Erlöser seine Kirche bei der Definition der Glaubens- und Sittenlehre ausgestattet sehen wollte.«

So heißt es im Wortlaut. Das Dogma von der »Lehr-Infallibilität« – langsam aussprechen: Infalli-Billy – des Papstes als Amtsträger. Verfasst am 18. Juli 1870 als »Constitutio Pastor Aeternus« von Papst Pius IX. auf dem Ersten Vatikanischen Konzil. 55 Bischöfe reisten vor der Abstimmung unter Protest ab, die restlichen Anwesenden nahmen das Dogma mit 533 gegen 2 Stimmen an. Herausgekommen sind eine Abspaltung der altkatholischen Kirche, das 150-jährige befremdete Kopfschütteln katholischer Intellektueller, der Entzug der Lehrbefugnis für den Unfehlbarkeitskritiker Hans Küng 1979 in Tübingen und der Irrtum, ein Papst könne sich nie in der Tür irren.

»Im Urtext der Bibel steht geschrieben ...«

Wer das sagt, weiß nicht oder verschweigt absichtlich, dass es »den« Urtext gar nicht gibt. Niemand auf der Welt hat auch nur einen Fetzen »Originaltext« der Bücher und Briefe des Alten oder des Neuen Testaments. Ob im israelischen »Shrine of the Book«, im »London Library«, im Katharinenkloster auf dem Sinai oder in der vatikanischen Bibliothek – alle haben nur Kopien von Kopien.

1844 entdeckte der Leipziger Forscher Konstantin von Tischendorf im Katharinenkloster auf dem Berg Sinai 129 Blätter einer griechischen Übersetzung von Teilen des Alten Testaments (aus der so genannten »Septuaginta«) und bekam am 4. Februar 1859 ein dickes Pergamentbündel mit Seiten des Neuen Testaments und zwei weiteren frühchristlichen Schriften dazu. Die Abfassungszeit dieses so genannten »Codex Sinaiticus« wird von Wissenschaftlern um 350 n. Chr. datiert.

Zwischen 1947 und 1956 fanden Beduinen in elf Höhlen am Nordwestufer des Toten Meeres Tonkrüge mit beschriftetem Leder. Diese »Qumran-Rollen« enthalten u. a. Texte des alttestamentlichen Jesaja-Buches, abgeschrieben und kommentiert vermutlich in den Jahren 132 bis 135 n. Chr.! Daneben gibt es mehrere tausend Schnipsel, Handschriften und Textbruchstücke des Neuen Testaments, deren mittels Radiocarbonmethode bestimmte Entstehungszeit so nah an die Zeit der geschilderten Ereignisse heranreichen, dass man mit etwas gutem Willen behaupten könnte, die Enkel der Zeitzeugen von Jesus, Petrus, Paulus & Co könnten diese Abschriften verfasst oder gelesen haben. Aber: »Originale« der Autoren sind sie nicht. Allerdings: Als Qumranforscher

Prof. Hanan Eschel von der Bar Ilan Universität im Herbst 2004 eine weitere Schriftrolle mit 36 Zeilen aus dem 23. Kapitel des 3. Buches Mose entdeckte und auf das erste nachchristliche Jahrhundert datierte, unterschied sich der Text nur in der Orthographie einzelner Wörter vom heutigen hebräischen Wortlaut.

Diese akribische Genauigkeit der Überlieferung über 1.900 Jahre hinweg gibt es nur bei biblischen Textfunden. Zum Vergleich: Julius Caesars bekanntes Buch »Der gallische Krieg« ist in nur 10 Manuskripten erhalten, ihr Wortlaut weicht zum Teil erheblich voneinander ab, und das älteste vorhandene Exemplar wurde rund 900 Jahre nach Caesars Tod abgeschrieben.

V

»Es gibt bei uns zwei große **VOLKSKIRCHEN**«

Es gibt bei uns zwei christliche Konfessionen, die jede knapp 26 Millionen Mitglieder hat. Addiert sind das weniger als zwei Drittel der Bevölkerung. Schaut man nicht auf die Zahl der – per Säuglingstaufe »automatisch« hinzukommenden – Mitglieder, sondern auf die Zahl der freiwilligen Kirchgänger, nehmen beispielsweise in der sächsischen evangelischen Landeskirche rund 7% am Sonntagsgottesdienst teil, in Berlin-Brandenburg rund 3% und in Schleswig-Holstein 2% der Kirchenmitglieder. Selbst in »guten« katholischen Gegenden zählen sich weniger als 20% der Katholiken zu den »regelmäßigen« Besuchern der Heiligen Messe.

Schaut man nicht auf die Zahl, sondern auf das Lebensalter dieser regelmäßigen Kirchgänger, sind in der katholischen Kirche je nach Region zwischen 5% und 10% unter 30 Jahre alt, in den evangelischen Landeskirchen zwischen 0,2% und 1,5%. »Viel Volk« ist das nicht. Der soziale und kulturelle Einfluss beider Kirchen ist dagegen infolge ihrer diakonischen und karitativen Einrichtungen um ein Vielfaches größer.

»Voodoo-Kult *gibt's bei uns nicht*«

Es gibt in Buchhandlungen und Spielzeugläden kleine Stoffpuppen, in die man Nadeln stechen kann, als symbolisch-rituellen Schadenszauber gegen strenge Eltern, doofe Lehrer und abgehauene Lover. Ein Teenager-Notfall-Set als Voodoo-Light-Paket sozusagen.

Es gibt in Deutschland aber auch ganz ernsthaft Voodoo-Priester, die – meist auf Haiti oder in Westafrika – initiiert wurden, das heißt in das Geheimwissen ritueller Besessenheit eingeweiht und mit den esoterischen und hypnotischen Techniken vertraut gemacht wurden. Beim »Voodoo« geht es darum, Naturgeister und -kräfte herbeizurufen, die vom Priester oder der Priesterin Besitz ergreifen, so dass er oder sie in eine ekstatische Trance verfällt. Dann spricht nämlich nicht mehr der eigenständige, denkende und fühlende Mensch, sondern »es« spricht aus ihm. Wer oder was dieses »es« ist, das bleibt meist anonym oder zumindest vage (die Ahnen, ein Wald-, Fluss- oder Berggeist, die Zukunft?). Wie heilsam, sinnvoll oder praktizierbar die spektakulär gewonnene Information ist, darf ebenfalls im Halbdunkel bleiben. Wie man den »Geist« wieder aus dem besessenen Priester herauskriegt, das allerdings sollte vorher glasklar verabredet werden, denn das »Medium« ist buchstäblich »außer sich« und nicht gerade vernunftgesteuert oder jederzeit leicht rückholbar.

Vom Satanismus unterscheidet sich der Voodoo-Kult dadurch, dass er nicht in hasserfüllter Gegnerschaft zum jüdisch-christlichen Gott, zu Bibel oder Kirche agiert, auch nicht ihre Symbole und Rituale blasphemisch pervertiert oder einen personalen »Bösen« anbetet, sondern das »Wissen um die geheimen Kräfte und Gesetze des Kosmos« nutzbar machen will, insofern also nur eine verschärfte Form der Esoterik darstellt. In ihrer Wirkung deutlich näher am Satanismus sind jene Voodoo-Zeremonien, die einen »Schadenszauber« entsenden sollen, wo also der Priester einen Abwesenden durch magische Rituale und Praktiken »verflucht«. Für beides – esoterische Botschaften oder wirkmächtige Verwünschungen – müssen die Auftraggeber tief in die Tasche greifen. Weil sich aber hierzulande das Finanzamt für solche fetten Gewinne interessiert (und gegen den Fiskus bekanntlich kein Kraut gewachsen ist, nicht einmal Voodoo-Kraut), verschweigen die meisten deutschen Voodoo-Meister ihre Tätigkeit so hartnäckig, dass man den Eindruck hat, es gäbe sie nicht.

»Vornamen aus der Bibel sind out«

Das stimmte für die Jahrgänge 1990 bis 2000, als Jennifer und Dennis, Jessica und Patrick, Julia und Marcel in den Hitlisten junger Eltern ganz oben rangierten. Seither jedoch halten sich Hanna (1. Buch Samuel Kapitel 1) und Jonas (Buch Jona Kapitel 1), Anna (von »Johanna« Lukas-Evangelium Kapitel 8, Vers 3) und Paul (Apostelgeschichte Kapitel 13), Marie (Lukas-Evangelium Kapitel 1ff) und Lukas (ebd.), Lea (1. Buch Mose Kapitel 29, Vers 16) und Felix (Apostelgeschichte Kapitel 23) hartnäckig auf den jeweils ersten Plätzen.

Selbst in Ostdeutschland, wo Kirchenbindung, Bibelfestigkeit und die Kenntnis paulinischer Theologie eher gering sein dürften, war seit 2001 der Vorname Paul unangefochten Platz 1 unter männlichen Neugeborenen. Wenn diese männlichen Neugeborenen Teenager werden, stört sie keine historische Kenntnis bei der Wertschätzung eines ungewöhnlichen biblischen Namens: Die Sängerin der 2005 populären deutschen Rockband »Wir sind Helden« nennt sich Judith Holofernes. Judith war jene schöne reiche Witwe aus Judäa, die zum feindlichen König Holofernes überlief, ihn betrunken machte, verführte und schließlich köpfte, um ihr Volk zu retten (Buch Judith Kapitel 10 bis 13). Drastisch ins Bild gesetzt von Tintoretto und Caravaggio, zu sehen im Prado in Madrid und in den Uffizien von Florenz.

Standesbeamte übertragen den gewählten Namen aus dem Hebammen-Formular in die Geburtsurkunde und fügen diese ins »Stammbuch der Familie« ein. Dabei prüfen Sie im Zweifelsfall anhand des »Internationalen Buches der Vornamen«, was es gibt und was geht. Die biblischen Namen Asur, Esau, Lazarus, Obadja, Quirinius und Thaddäus sind da noch vergleichsweise harmlos gegen »et omnes sancti«, was nach einem Präzedenzfall in Hessen vom Standesamt Konstanz 2004 als zulässig eingetragen werden musste.

Ungewöhnlich auch der Vorname »Frieden mit Gott allein durch Jesus Christus«, 1980 eingetragen für den in Kapstadt geborenen, heute in Salisbury/England lebenden Pfarrer Rousseau.

»Mein Vater wollte, dass überall da, wo ich unterschreibe, das Evangelium in Kurzform verkündet wird.« Auf die vollständige Nennung seines Namens antworten Polizisten schon mal mit »Ja ja, und ich bin der Weihnachtsmann«. Eine Grenzbeamtin des Flughafens Stockholm telefonierte mit den Kollegen in London-Heathrow: »Nachher kommt Jesus Christus bei Euch durch!«

»WEIHNACHTEN *kriegen Muslime keine Geschenke*«

Muslimische Familien, die schon lange in westlichen Ländern leben oder in islamischen Ländern zu einer westlich orientierten, wohlhabenden Oberschicht gehören, beschenken sich und ihre Kinder am 24. oder 25. Dezember so wie

»christliche« Familien. Weil Jesus im Koran zwar als Prophet, nicht aber als »Sohn Gottes« betrachtet wird, sehen Muslime keinen Anlass, seine Geburt groß zu feiern (Menschen jüdischen Glaubens übrigens auch nicht). Aber: Am Ende des Fastenmonats Ramadan wird das »Id al-Fitr« (türkisch »Seker Bayram«) gefeiert, das »Zuckerfest«. Nach dem obligatorischen Moscheebesuch gibt es Geschenke und Süßigkeiten für Kinder sowie ein familiäres Festessen. Außerdem gibt es in türkisch-islamischen Familien zu Silvester und Neujahr Geschenke. Fällt das Ende des Ramadan kalendarisch auf Mitte Dezember, feiert man aus Assimilationsgründen auch den »christlichen« Heiligabend und beschenkt seine Lieben zu Silvester noch einmal – dann nimmt das Körpergewicht bisweilen in dem Maße zu, wie der Kontostand abnimmt.

»WEIHRAUCH *ist eine Art religiöses Haschisch*«

Der in Südarabien und Somalia wachsende Wüstendornstrauch (»Boswellia Sacra«) hat weder botanisch noch religionsgeschichtlich mit der Cannabispflanze zu tun und erzeugt weder Rausch noch Trance: Sein unter der Rinde befindliches Harz wurde im alten Ägypten unter Wärmezufuhr mit Tierfetten, Blumenknospen und Myrrhe vermischt und zu kleinen Kegeln oder Brikettchen geformt. Nach deren Erkalten band sich die gepflegte Dame von Welt das Ganze mit ihren Haaren oder einer Kopfbedeckung auf dem Scheitel fest. Infolge der Körperwärme schmolz das Stück langsam, träufelte so ganztägig durch die Haare in den Nacken und sorgte für die erwünschte Duftnote.

Zu einem »Parfum« im Wortsinn (von »pro fumo«, durch Rauch) wurde Weihrauch aber erst, als es von den Köpfen der Ägypterinnen in die Hände der Priester geriet: Der Duft verbrannten Weihrauchs war im frühen Judentum Gott allein vorbehalten (2. Buch Mose Kapitel 30, Verse 34 bis 38), diente zur Versöhnung zwischen Gott und Mensch (4. Buch Mose Kapitel 17, Vers 12) und gehörte im zweiten, nachexilischen, Jerusalemer Tempel zu den Tempelschätzen (Buch Nehemia Kapitel 13, Vers 5). Im Weihrauchnebel des Synagogengottesdienstes erschien dem Priester Zacharias ein Engel und kündigte ihm die Geburt Johannes des Täufers an (Lukas-Evangelium Kapitel 1, Verse 8 bis 25), und Weihrauch war eins der drei wertvollen Geschenke, die die »Weisen aus dem Morgenland« dem neugeborenen Jesuskind machten (Matthäus-Evangelium Kapitel 2, Vers 10). Weil das wohlriechende Harz aber auch die heidnischen religiösen Riten der Griechen und Römer »weihte«, lehnte das frühe Christentum fast dreihundert Jahre lang den Gebrauch von Weihrauch im Gottesdienst ab. Erst nach der »Eingemeindung« des christlichen Glaubens zur römischen Staatsreligion durch Kaiser Konstantin 313 n. Chr. stellte man in der Grabeskirche von Jerusalem, in Byzanz und Rom Räuchergeräte auf den Altar.

Das größte freischwingende Weihrauchfass der Neuzeit benebelt die Pilger des Jakobsweges in der Kathedrale von Santiago de Compostela/Spanien.

Aber selbst auf ermattete Wanderer hat nicht der »Weih«-Rauch selbst, sondern die durch ihn miterzeugte Atmosphäre des Gottesdienstes eine stimulierende Wirkung.

»Der WEIHNACHTSMANN ist eine Erfindung von Coca-Cola«

Der Weihnachtsmann ist die brauchtumshistorische Konstruktion aus mindestens drei Figuren: Zwei »Nikolaus«-Traditionen und der »Knecht Ruprecht«. Eine zur Zeit der Gegenreformation im späten 16. Jahrhundert bei Kindern gefürchtete Waldarbeiter-, Köhler- oder Einsiedlergestalt. Um sicherzustellen, dass katholische Sprösslinge den rechten Glauben auch recht lernten (und nicht etwa in konfessionsgemischten Dörfern und Schulen vom süßen Gift des evangelischen Glaubens genippt hatten), fragte ein als »Knecht Ruprecht« eher lumpenhaft grob verkleideter Katechet, Mönch oder Priester die Kinder ganz prüfungsmäßig ab und »strafte« mit der Rute oder »belohnte« mit Süßigkeiten. Der heilige Bischof (oder Abt) Nikolaus, im holländischen »Sinterklaas« genannt, wanderte mit evangelisch-reformierten Siedlern im 17. und 18. Jahrhundert nach Nordamerika aus und – »verweltlichte« dort zu einem »Santa Claus«, der ohne Bischofstiara, goldenen Bischofsstab oder sonstige Symbole des geistlichen Standes die Kinder beglücken konnte und eher bürgerliches Wohlverhalten und gute Schulnoten abfragte statt katholischer Grundüberzeugungen. Erst 1931 kamen die Werbeleute eines braunen Karamelsirups aus Atlanta/Georgia auf die Idee, in Anzeigen und auf Plakaten dem »Santa Claus« ihr typisches Coca-Cola-Rot anzuziehen.

Nicht der Weihnachtsmann selbst – nur die Farbe seines Mantels ist vom größten Saftladen der Welt.

»Wissenschaftliche Zahlen *belegen, dass die Bibel Recht hat*«

Mit wissenschaftlichen Zahlen lässt sich fast jeder Quatsch belegen, und richtig lustig wird es, wenn Fundamentalisten sie mit Bibelversen in Verbindung bringen: In Jesaja Kapitel 30, Vers 26 lesen wir: »Das Licht des Mondes wird stark sein wie das Licht der Sonne und das Licht der Sonne sieben Mal stärker als das Licht von sieben Tagen.« Wenn der Mond also genauso viel Strahlung an den Himmel abgibt, wie die Erde von der Sonne bekommt und dazu noch 7 x 7, also die 49fache Sonnenbestrahlung der Erde, dann bedeutet das unter Zuhilfenahme des »Stefan-Boltzmann'schen-Gesetz der Strahlung« (»H/E > 40 = 50, absolute Erdtemperatur = 300 K) eine Himmelstemperatur von 789 K, entsprechend 525 Grad Celsius.

Im Buch der Offenbarung Kapitel 21, Vers 8b lesen wir: »Den Feiglingen und Ungläubigen, den Befleckten und Mördern, den Unzüchtigen und Zauberern, den Götzendienern und Lügnern ist ihr Platz in dem See bestimmt, der von Feuer und Schwefel brennt.« Wissenschaftliche Zahlen belegen, dass Schwefel bei 444,6 Grad Celsius von flüssigem in gasfömigen Zustand übergeht. Ab 444,6 Grad aufwärts wäre der Schwefel kein See, sondern eine Wolke. Verbinden wir nun beide Erkenntnisse miteinander, so bedeutet das: Der Himmel ist 81 Grad heißer als die Hölle!

»Den ZEHNTEN *spendet man ja mit der Kirchensteuer*

»Der zehnte Teil aller Erträge des Bodens und der Früchte gehört dem Herrn und ist ihm geweiht.« So heißt es im 3. Buch Mose Kapitel 27, Vers 30. Diesem Gebot haben sich Juden und Christen immer verpflichtet gefühlt. Erst recht, nachdem die radikale Gütergemeinschaft der ersten Gemeinde in Jerusalem (Apostelgeschichte Kapitel 2, Vers 45) gescheitert war und der Apostel Paulus auf Spendensammeltour gehen musste (1. Korintherbrief Kapitel 16, Verse 1 bis 4).

Wer heute auf seiner Lohnsteuerkarte »ev.« oder »kath.« eingetragen hat, dem werden nicht etwa 10 % (»der Zehnte«) seines Bruttolohns für die Kirche abgezogen, sondern je nach Bundesland 8 % oder 9 % seines Einkommensteuerbetrages. Der liegt (Stand Januar 2006) zwischen 20 % und 42 % des Einkommens. Beispiel: Wer 1.000 Euro verdient und zu 200 Euro Einkommensteuer verpflichtet ist, zahlt maximal 18 Euro Kirchensteuer. Also nicht zehn, sondern kaum zwei Prozent.

Um auch die noch zu sparen, muss niemand aus der Kirche austreten: Freiwillige Spenden in Höhe von 5 % vom »Gesamtbetrag der Einkünfte« sind in Deutschland für »gemeinnützige Zwecke« und noch einmal Spenden in Höhe von 5 % für »mildtätige Zwecke« steuerlich absetzbar. Man spendet 5 % an den Karnevalsverein (»gemeinnützig«), 5 %

an die Caritas oder »Brot für die Welt« (»mildtätig«), senkt damit das einkommensteuerpflichtige Einkommen und die daran gekoppelte Kirchensteuer und – weiß, wofür das Geld verwendet wird. Wem das nicht reicht, der spendet gar nicht mehr, sondern »stiftet«: 20.450 Euro Zustiftung pro Jahr und Nase sind steuerlich absetzbar, wenn das Geld in eine gesetzlich anerkannte Stiftung fließt. Die Freikirchen – in den USA die größten religiösen Institutionen überhaupt – finanzieren sich auch in Deutschland ausschließlich durch »den Zehnten« ihrer Mitglieder. Und die stellen erstaunt fest, dass sie nicht verarmen. Am Fiskus vielleicht. Aber nicht am Zehnten ...

»Reformator Huldrych ZWINGLI war lustfeindlich«

Dass die Schweizer prüde und Zürich langweilig sei, wird bisweilen dem anhaltenden Einfluss ihres »helvetischen Martin Luthers« angelastet: Huldrych Zwingli (1484–1531) schwebte eine spirituelle und moralische Umwandlung der Gesellschaft im Geiste der Reformation und des Humanismus vor. Dafür ließ er Bilder und Orgeln in den Kirchen zertrümmern, verbannte die Musik aus der Kirche, installierte öffentliche Ehe- und Sittengerichte.

Der gut aussehende radikale Priester vom Züricher Großmünster schrieb im Dezember 1518, »es ist gut, kein Weib zu berühren. Das ist mir aber wenig gut gelungen.« In Glarus, wo er zehn Jahre (katholischer) Pfarrer war, sei ihm dieser Verzicht nur ein halbes Jahr gelungen. In Einsiedeln »nicht länger denn ein Jahr, da ich eben niemanden hatte, der diesen Vorsatz mit mir teilte, wohl aber hatte ich nicht wenige Verführungen, ach.«

Als Gerüchte öffentlich wurden, er habe die Tochter eines mächtigen Bürgers entjungfert, rechtfertigte sich Zwingli in einem lateinisch geschriebenen Brief an Chorherrn Heinrich Utinger, das Mädchen sei eine Dirne und die »Jungfrauenprüfer bitterbös« gewesen.

»Den ZÖLIBAT gibt's, weil Jesus ehelos lebte«

Das Versprechen, zeitlebens ehelos zu bleiben, verlangte nicht Jesus, sondern Papst Siricius (er amtierte 384 bis 399 n. Chr.) von christlichen Priestern, und knapp siebenhundert Jahre lang wurde das längst nicht überall befolgt. Erst Papst Gregor VII. (1073 bis 1085) setzte den Zölibat flächendeckend durch.

Wobei das nur noch die halbe Fläche war: 1054 hatte sich die oströmische Kirche als »orthodoxe« von der weströmischen »katholischen« getrennt und ihren Priestern – bis heute – die Ehe erlaubt.

Der Zölibat geht auch nicht auf Petrus zurück, von dessen Beauftragung »die Lämmer zu weiden« katholische Priester ihre spirituelle Berufung und ihre kirchenrechtliche Autorität ableiten (Johannes-Evangelium Kapitel 21, Verse 15 und 16): Der »Fels, auf den Christus seine Gemeinde baut« und dem er »die Schlüssel des Himmels anvertraut« (Matthäus-Evangelium Kapitel 16, Vers 19), hatte eine Schwiegermutter (Matthäus-Evangelium Kapitel 8, Vers 14). Demzufolge also auch eine Frau. Katholische Priester dürfen im Übrigen verheiratet sein, wenn sie es vor ihrer Berufung und Weihe bereits waren.

Ob man bei der Durchsetzung des Zölibats vorrangig an die sexuelle Enthaltsamkeit, an die arbeitsökonomische

Effizienz eines Singles oder an die Erhaltung des Kirchenbesitzes ohne Erbansprüche etwaiger Priesterkinder dachte, lässt sich rückblickend schwer feststellen. Schaut heutzutage ein zölibatärer Priester auf die Scheidungsrate in evangelischen Pfarrhäusern, könnte er u. U. Papst Siricius dankbar sein. Zumal viele katholische Gemeinden die Sache mit der Enthaltsamkeit augenzwinkernd sehen: Ein süddeutscher Pfarrgemeinderat schenkte 2003 seinem Priester zur Pensionierung ein Wellness-Wochenende mit seiner Haushälterin. In einem nahegelegenen Luxushotel ...

»Zyperns Nationalheiliger Barrabas war ein Verbrecher«

Zyperns Nationalheiliger war Barnabas. Mit »n«. Josef Barnabas aus der ostzypriotischen Hafenstadt Famagusta. Dieser erbte ein Grundstück innerhalb der Stadtmauern von Jerusalem, verkaufte es und spendete den Erlös an die Armenkasse der ersten frühchristlichen Gemeinde. Barnabas nahm den ehemaligen Christenverfolger und Pharisäer Saulus in seiner Wohnung auf, als dieser halbblind und völlig verwirrt von einer Christuserscheinung vor Damaskus angekrochen kam, und setzte sich dafür ein, dass man diesem gefürchteten Mann nun vertrauen könne (Apostelgeschichte Kapitel 9, 26 und 27). Nachdem aus Saulus der bekehrte Paulus geworden ist, geht Barnabas mit ihm auf die erste Missionsreise (Apostelgeschichte Kapitel 13, Verse 2-4), die bezeichnenderweise auf Zypern beginnt. Mit dabei: Barnabas' junger Neffe Johannes Markus. Der ist begeistert, aber unzuverlässig (Apostelgeschichte Kapitel 13, Vers 13). Paulus will den Drückeberger keinesfalls auf die zweite Missionsreise mitnehmen. Barnabas findet aber, jeder verdiene eine zweite Chance. Erst recht ein junger Neffe ...

»Da gerieten sie in heftigen Streit miteinander, so dass sie sich trennten und Barnabas mit Johannes Markus nach Zypern hinüberfuhr.« (Apostelgeschichte Kapitel 15, Verse 35–39).

Krach in der Urgemeinde wegen luschiger Mitarbeiter. Barnabas heißt wörtlich übrigens »Sohn des Trostes« und im Deckenmosaik der Kathedrale von Nikosia wird er als großzügiger Gastgeber dargestellt.

Barrabas, mit »r«, war ein inhaftierter Verbrecher in Jerusalem, den der römische Statthalter Pilatus freilassen musste, weil das Volk sein Amnestie-Angebot nicht auf den angeklagten Jesus von Nazareth, sondern auf Barrabas anwendet. (Johannes-Evangelium Kapitel 18, Verse 39 und 40).

QUELLEN

A

(soweit nicht Ergebnis eigener Recherchen)

Galling, Kurt (Hrsg): Religion in Geschichte und Gegenwart (RGG). 3. Aufl., Verlag J.C.B. Mohr, Tübingen 1957

Gunneweg, Antonius: Geschichte Israels bis Bar Kochba. Kohlhammer Verlag, Stuttgart 1972

Krämer, Walter, Krämer, Denis, Trenkler, Götz: Das neue Lexikon der populären Irrtümer. Eichborn Verlag, Frankfurt/M. 1998

Kuschel, K.-J., Drehsen, V., Häring, H. und Siemers, H. (Hrsg): Wörterbuch des Christentums. Gütersloher Verlagshaus, Gütersloh 1988

Malessa, Andreas: Das frommdeutsche Wörterbuch. Oncken Verlag, Wuppertal 2002

Der Musik-Brockhaus. F. A. Brockhaus Verlag, Wiesbaden, und B. Schott's Söhne Verlag, Mainz 1982

Reese, Thomas J.: Im Innern des Vatikan. Politik und Organisation der katholischen Kirche. S. Fischer Verlag, Frankfurt/M. 1998

Schmidt, Kurt Dietrich: Kirchengeschichte. Verlag Vandenhoeck & Ruprecht, Göttingen 1975

Lexikon für Theologie und Kirche. Herder Verlag, Freiburg/Br. 1998

Wienecke-Janz, D., Lückemeier, K. (Hrsg): Spektrum. Auf den Spuren der Bibel. Wissen Media Verlag, Gütersloh 2004

B

(soweit nicht bereits angegeben)

Kurt Hutten: Seher, Grübler, Enthusiasten. Quell Verlag, Stuttgart 1982

Parminder Summon: Summons christliches Sammelsurium. R. Brockhaus Verlag, Wuppertal 2005

Manfred Zach: Gauner, Pinsel, Chicaneure. Verlag Klöpfer & Meyer, Tübingen 2004

C

Christoph Gutknecht: Lauter böhmische Dörfer.
Beck'sche Reihe, Verlag C. H. Beck, München 1995

D

Franz Binder: Dalai Lama. Deutscher Taschenbuchverlag, München 2005
Heinrich Krauss: Geflügelte Bibelworte. C.H. Beck Verlag, München 1993

E

Jörg Wichmann: Die Renaissance der Esoterik. Eine kritische Orientierung. Kreuz-Verlag, Stuttgart 1990
Uwe Wolff: Das große Buch der Engel. Herder Verlag, Freiburg 1994

F

Dirk Schümer: Gott ist rund. Die Kultur des Fußballs. Suhrkamp, Berlin 1996
Stephan Holthaus, K.-H. Vanheiden: Die Unfehlbarkeit und Irrtumslosigkeit der Bibel. Edition Bibelbund, Hammerbrücke 2002

H

Jürgen Becker, Martin Stankowski: Biotop für Bekloppte. Volksblatt Verlag, Köln 1992
Walter Krämer, Wolfgang Sauer: Lexikon populärer Sprachirrtümer. Piper Verlag, München und Zürich 2003
Bruno Steimer (Hrsg): Lexikon der Päpste und des Papsttums. Herder Verlag, Freiburg 2001

J

Helmut Kindler: Lege mich wie ein Siegel auf Dein Herz. Kindler-Verlag, München 1997

K

Peter Calvocoressi: Who's Who in der Bibel. Kreuz-Verlag, Stuttgart 1987
Eike Christian Hirsch. Gnadenlos gut. Ausflüge in das neue Deutsch. C.H. Beck Verlag, München 2004

Alberto Melloni: Das Konklave. Papstwahlen in Geschichte und Gegenwart. Herder Verlag, Freiburg 2002

L

Klaus Schreiner: Maria. Jungfrau, Mutter, Herrscherin. Carl Hanser Verlag, München 1994

Hans Conrad Zander: Joachim, mir graut's vor Dir. Von der unwiderstehlichen Komik der Religion. Verlag Kiepenheuer Witsch, Köln 2004

M

Jamal J. Elias: Islam. Herder spektrum, Herder Verlag, Freiburg 2000

Monika Grübel: Schnellkurs Judentum. Dumont Verlag, Köln 1996

Hans Walter Wolff: Anthropologie des Alten Testaments. Ev. Verlagsanstalt, Berlin 1980

O

Roland Kaehlbrand: Deutsch für Eliten. Deutsche Verlagsanstalt, Stuttgart 1999

P

Roger Caillois: Pontius Pilatus. Ein Bericht. Verlag Albert Langen, München 1963

E. Fascher: Das Weib des Pilatus. In: Theol. Literaturzeitung, München Jg. 1947, Heft 4, Seite 203/204

Heinz Flügel: Der Hahnenschrei. Hörspiel SDR, Stuttgart 1962

Gertrude von Le Fort: Die Frau des Pilatus, Insel Verlag, Frankfurt 1955

Fulbert Steffensky (Hrsg): Nicolaigasse. Der Pfarrer und das Pfarrhaus in der Literatur. Radius-Verlag, Stuttgart 2005

Anja Würzberg: Ich Pfarrerskind. Vom Leben in der heiligen Familienfirma. Lutherisches Verlagshaus, Hannover 2005

R

Michael Hesemann: Die Jesus-Tafel. Herder Verlag, Freiburg 1999

Martin Luther: Der große Katechismus. Gütersloher Verlagshaus, Gütersloh 1977

Christian Modehn: Die Liebe zu den toten Dingen. In: Publik Forum, Nr 16/05, Seite 53 bis 55

S

Hansjörg Hemminger: Was ist eine Sekte? Matthias Grünewald Verlag, Mainz 1995

Die schwarze Madonna, www.kloster-einsiedeln.ch

Werner Rügemeier: Die gefälschte Rede. In: OJC, Rundbrief 5/95, Seite 212 bis 218

Häuptling Seattle: »Wir sind ein Teil dieser Erde«. Walter-Verlag, Olten und Freiburg 1982

U

Gerhard Hörster: Markenzeichen bibeltreu. Bundes-Verlag, Witten 1989

Alexander Schick: »Codex Sinaiticus wieder vereint«. In: Zeitschrift »Die Gemeinde«, 19/2005, S. 35 und 38

V

Angela M. T. Reinders in: www.familienhandbuch.de, Verlag Bergmoser und Höller, Aachen 2005

Debora Roth: Was tun, wenn man so heisst? Aus: »dran«, 8/05, Witten 2005

W

Hanna Schott: Der Islam. Kosmos-Uni für Kinder. Kosmos-Verlag, Stuttgart 2005

Z

Georg Schwaiger/Manfred Heim: Kleines Lexikon der Päpste. Beck'sche Reihe, Verlag C. H. Beck, München 2005